本书为四川省社会科学规划项目三星堆古蜀文化科普丛书（编号SC21KP039）最终研究成果
结项证书编号：KP2023075　结项成果鉴定等级：优秀

# 三星堆

## ——从古蜀文明到视觉审美

◎代钰洪　郭一璇　著



湘潭大学出版社
XIANGTAN UNIVERSITY PRESS

**图书在版编目（CIP）数据**

三星堆 ： 从古蜀文明到视觉审美 / 代钰洪， 郭一璇著． -- 湘潭 ： 湘潭大学出版社， 2024.1

ISBN 978-7-5687-1331-3

Ⅰ． ①三… Ⅱ． ①代… ②郭… Ⅲ． ①三星堆文化－通俗读物 Ⅳ． ① K872.71-49

中国国家版本馆 CIP 数据核字（2024）第 003272 号

**三星堆——从古蜀文明到视觉审美**

SANXINGDUI——CONG GUSHU WENMING DAO SHIJUE SHENMEI

**代钰洪 郭一璇 著**

**责任编辑：** 李志红
**封面设计：** 张 波
**出版发行：** 湘潭大学出版社
**社　　址：** 湖南省湘潭大学工程训练大楼
**电　　话：** 0731-58298960 0731-58298966（传真）
**邮　　编：** 411105
**网　　址：** http://press.xtu.edu.cn/
**印　　刷：** 长沙印通印刷有限公司
**经　　销：** 湖南省新华书店
**开　　本：** 787 mm×1092 mm 1/16
**印　　张：** 9
**字　　数：** 166 千字
**版　　次：** 2024 年 1 月第 1 版
**印　　次：** 2024 年 1 月第 1 次印刷
**书　　号：** ISBN 978-7-5687-1331-3
**定　　价：** 60.00 元

## ■ 目　录

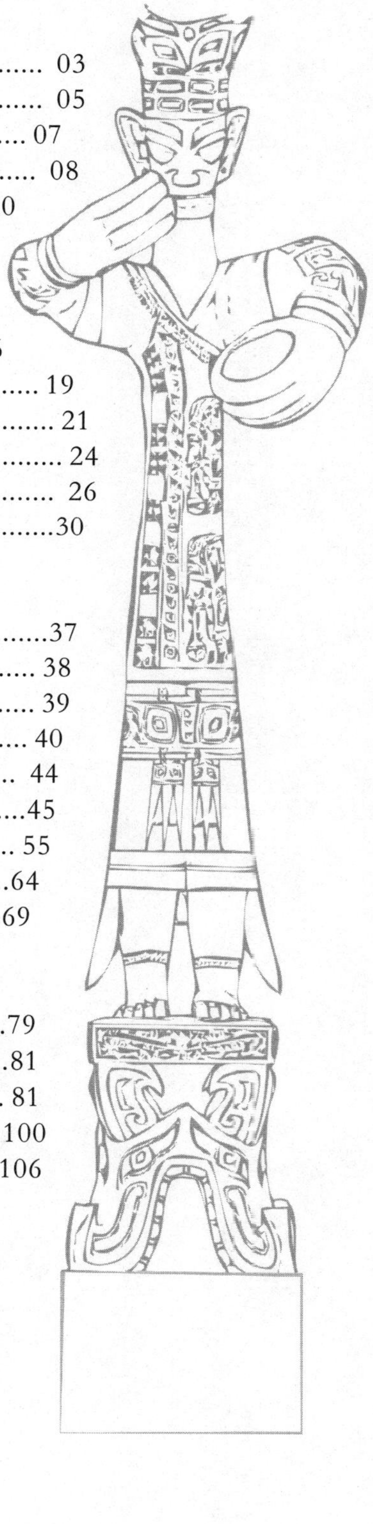

# 第一章 古蜀国的历史

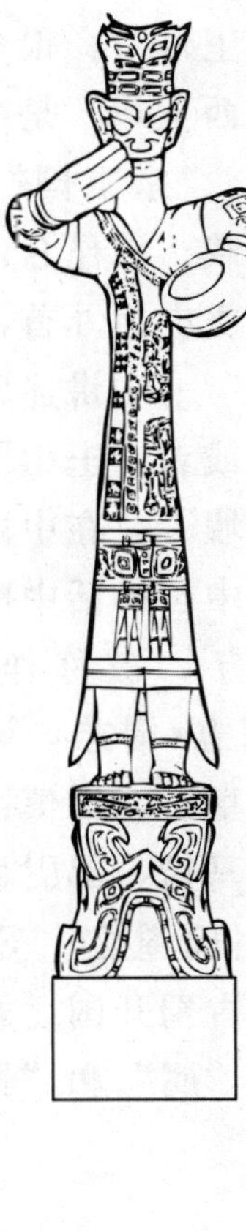

## 古蜀国的历史

古蜀国的历史源远流长，在很多古籍中均有不同的记载，其中有一部被人们誉为“上古百科全书”的神秘古籍《山海经》里把古蜀国称为“西王母国”，简称“西王母”，很多人从字面解读，误认为“西王母”是个女人，实际是指“母国”“宗主国”的意思。《海内西经》记载：“昆仑南渊深三百仞。开明兽身大类虎而九首，皆人面，东向立昆仑上。”书中讲述四川曾经被称作“昆仑山”或者“玉山”，是方圆八百里的“昆仑墟”。在中国道家文化里面，昆仑山是中国神话中的神山，是神仙居住的地方，被称作“万山之祖”。《华阳国志•蜀志》记载有“蜀之为国，肇于人皇”“周慎王五年秋，秦大夫张仪、司马错、都尉墨等，从石牛道伐蜀，开明氏遂亡，凡王蜀十二世”。书中记载古蜀开国之君是人皇伏羲，在古文字中“属”和“蜀”字有着十分密切的关联，“蜀”字的意思就是“纵目人皇”。在《蜀都赋》记载中，“蜀”和“属”为通假字，“属都”就是属地之都，就是“宗主国”的意思。“属”字中包含有“禹”字，造字的本意在于“属”字与大禹有密切关联，大禹治水拯救了天下百姓，于是天下就为大禹所有，所以古蜀被称为“属”都，建都三星堆。

古蜀国的历史以蚕丛“瞿上”为开端，后来发展有三星堆、金沙古蜀文明。在古代中原的眼界里，蜀地属于坤地。到了宋代，蜀人认为蜀地是指一切土地，以及与土地具有共性的一切事物生发的气韵走向。《笺纸谱》第一辑记载：“《易》以西南为坤位，而吾蜀西南，重厚不浮，此坤之性也。”这一看法虽然比较片面，但显示出蜀地在宋代物产丰富，有着文采斐然的厚重气质。

## 一、蜀的由来

甲骨文的"蜀"字，是一个象形字。它的上部为皿字形状，就是"纵目"的意思。所谓"纵目"，就是竖目，并非三星堆纵目人形象鼓出来的眼睛，而是指在两眼之间的额头正中，有一个纵立的"第三只眼睛"。《荀子•赋篇》记载："以能合纵。"蜀字上为人首，而中纵一目，下身为蛇。蜀字结构包含人首、纵目、蛇（龙）身，由此构成了古蜀族的宗祖神图腾。

《蜀王本纪》记载，古代有一个叫鳖灵的人，有一天，他不小心落水被淹死。奇怪的是，他的尸首并没有顺水而下，而是逆水而上一直到郫。更为神奇的是，当人们将他打捞起来后，他奇迹般的复活了。望帝听说此事后，将鳖灵召集相见，发现鳖灵非常聪明智慧而且很懂水性，是个难得的人才，便封他做了蜀国的丞相。

鳖灵担任蜀国丞相不久，蜀国常有洪水暴发，老百姓深受洪水灾害而痛苦不堪，人口快速减少了百分之六七十。鳖灵观察到造成洪水泛滥的根本原因是玉磊山挡住了山洪的去路。他采取疏通的方式治水，带领蜀国人开山治水，把玉磊山凿开，让洪水顺着岷江畅流而下，为蜀国解除了水患，老百姓从此安居乐业。因为鳖灵治水有功，望帝将帝位禅让给他，鳖灵接位后被称为"从帝"，也称作"开明帝"。开明王朝治理蜀国三百多年，蜀地经济快速发展，国力日益强大。

图 1-1　鳖灵开山治水(局部)　作者: 高中立

图 1-2　杜宇王朝　作者: 高中立

## 二、杜宇王朝

由于缺乏详尽文字记载，人们对古蜀国的开国历史始终感到困惑。西汉大学者扬雄根据故老相传的半神话故事和乡土历史，留下了古蜀历史“三万八千岁”的记载。相传蜀国是由蚕丛创建，柏灌是蜀国部落氏族的一个时期，鱼凫是蜀国第三个王朝，后来又有杜宇和开明，古蜀国前后历经以上五个王朝。

关于杜宇的来历以及杜宇如何取代鱼凫当上蜀国国王，在《华阳国志•蜀志》中记载如下:“有王曰杜宇，教民务农，一号杜主。时朱提有梁氏女利，游江源。宇悦之，纳以为妃。移治郫邑，或治瞿上。七国称王，杜宇称帝，号曰望帝，更名曰蒲卑。”到了公元前1046年武王伐纣时，杜宇带领的队伍号称蜀，是最有战斗力的队伍，是推翻殷纣王重要的力量。伐纣成功后，杜宇称帝于蜀。杜宇称帝古蜀之前，统治古蜀的是鱼凫。相传鱼凫有一天前往湔山打猎，突然化作神仙离去，鱼凫死后蜀国无王。在《蜀王本纪》中也有记载：杜宇出生神奇，从天而降至朱提（云南昭通），在江源（四川崇州）一名叫“利”的女子从井中冒出，杜宇娶了利为妻，在蜀地称王，填补了鱼凫的王位。在《华阳国志》中也有类似的说法：杜宇为蜀王，梁利从朱提迁来蜀国与杜宇成婚。杜宇由陇入蜀与朱提梁利的神话婚姻，体现了中国传统寓意的天地父母精神。

杜宇建国后，希望自己的成就远远超过蚕丛、柏灌和鱼凫，因此他积极开拓疆域，扩展领土，国土面积东达嘉陵江，西至现在的芦山、天全一带，北到汉中平原，南抵青神县。杜宇王朝在公元前11世纪至公元前7世纪之间统治着蜀地。在杜宇统治蜀地的时候，非常重视与地处中原的周朝往来，国力日渐强盛。

杜宇晚年时期，岷江大水漫过，蜀民无家可归，蜀王杜宇也是束手无策。鳖灵主动请缨，带领一支队伍前往治理洪水。他勘察地形、监测水势，采取疏导通畅的方式，把玉磊山劈开，宝瓶口挖开，岷江水被引向成都，洪水得到了有效的治理，成为蜀地的灌溉源泉，成都平原上的土地从此变得肥沃起来，百姓安居乐业。杜宇念鳖灵治水有功，就将帝位禅让给他，号曰开明。

关于鳖灵继位还有另外一种说法：当鳖灵治理水患的时候，此时的蜀王杜宇年老昏聩，终日贪淫，趁着鳖灵治水之机，将鳖灵的妻子给强占了。夺妻之恨成为鳖灵推翻杜宇王朝的理由，他振臂一挥，浩浩荡荡的队伍跟随他冲向都城。虽然拼死抵抗，但这时的杜宇因为失去民心，已经没有更多的士兵和心腹，很快就以失败告终，只得仓皇逃跑。鳖灵打败杜宇并

图 1-3　鳖灵开山治水　作者：高中立

将其驱逐后，随即建立了开明王朝，号称从帝，定都郫邑，后世子孙称其为开明帝。从鳖灵建立开明王朝一直到公元前316年开明十二世蜀王被秦所灭，开明王朝历经春秋中后期至战国中后期。

## 三、鳖灵与李冰

杜宇王朝时期古蜀国农业发达，但是岷江洪水时常泛滥，一直困扰着蜀国百姓。每当洪水冲入四川盆地，杜宇就会寝食难安，他望着洪水卷走蜀国子民心痛不已，由于不识水性，杜宇对泛滥的洪水束手无策。

一位号称鳖灵的楚荆人士来到杜宇的宫殿，自称能够治理水患，他向杜宇描绘了治水的策略：洪水看上去凶猛异常，但它的本质是水性柔软的，治理洪水只能采取疏通的方式，不能像驯服烈马那样采取强硬的手段。杜宇仔细查看鳖灵，观其身材高大、体型健壮、粗眉宽脸、皮肤黝黑，神情中充满自信。他对鳖灵的话语表示赞同，毫不犹豫地任命鳖灵做了蜀国的宰相，命其治理水患。

担任宰相后的鳖灵带领一支队伍日夜奋战在蜀地河谷各地查探，发现导致洪水泛滥最大的问题是玉磊山挡住了岷江水的去路，于是鳖灵和蜀国人一道把玉磊山凿开一条水道，让洪水顺江而下，从此解决了蜀地平原的洪水灾害。治理好岷江后，鳖灵提出“凿巫山，开三峡”（这里的巫山和三峡指的是现今成都金堂县一带的山）的治水思路。杜宇批准了鳖灵的计划，在没有炸药和挖掘机的年代，鳖灵采用热胀冷缩的原理，用火把岩石烧烫，然后往岩石上浇水，剧烈的温差使岩石开裂，大山得以凿开。开山完成后，鳖灵又挖了两道至今还在使用的人工河——柏条河和蒲阳河，把岷江的水通过这两条河引入沱江最后流入长江，从此“民得安居，蜀得陆处”。

鳖灵和李冰是同一人吗？这是很多学者和民间百姓喜欢探讨的话题。从考古资料和文献记载来看，鳖灵和李冰不是同一个人，两个人所处的年代和文化类型均有不同。秦郡守李冰修筑都江堰治理水患是有历代古书记载的，如《唐书地理志》记载：“大郎庙，在治北50里，大蓬山之阳，蜀太守李冰神祠。”《德隅斋画品》记载：“秦蜀守李冰父子，开二江，制水怪，蜀人德之，祠于灌口，世所谓灌口二郎者也。”《事物纪原》记载：“元丰时，国城之西，民立灌口二郎神祠，云神永康导江县广济王子，王即秦李冰也。”《蜀中名胜记》记载：“章山后崖有大冢，碑云：秦李冰葬所。”

关于鳖灵的记载在《蜀王本纪》中里有：“望帝积百余岁，荆有一人，名鳖灵，其尸亡去，荆人求之不得。鳖灵尸随江水上至郫，遂活，与望帝相见。”民间还传说蜀王杜宇四十余岁没有子嗣，他经常求天保佑，终于获得一子。按照蜀国规矩，他请巫师占卜，巫师说刚出生的儿子是不吉利的蛇，蜀王杜宇不能违背蜀国规矩，忍痛把儿子丢进湔江，却被一只大鳖驮着，第二天被

图 1-4　古蜀山水　作者: 彭丽颖

打鱼的老人救上了岸，因为是大鳖驮着，就给他起了鳖灵这个名字。因此，从民间传说和仅有的文字记载来看，鳖灵与李冰不是同一个人，李冰是现实生活中存在的秦郡守，鳖灵的身世却是个谜团，具有神话传奇色彩。

## 四、蜀地

在古老神话传说故事里，古蜀国的地理位置指的是现今四川及周边的一部分区域，是巴蜀文明的重要承载土地。《华阳国志》记载：“洛书曰，人皇始出，继地皇之后，兄弟九人，分理九州岛，为九囿；人皇居中州，制八辅。”

《华阳国志》记载："蜀之为国，肇于人皇，与巴同囿。"由此看出蜀与巴是两个相邻部落，古代巴蜀大地就是现在的四川，巴和蜀共同创造了巴蜀文明。

虽然巴国和蜀国共同造就了巴蜀文明，但是巴国和蜀国的地理范围、族群文化、生活习惯乃至政治框架都存在很大的差异。巴人统治的地理位置主要是川东、鄂西一带，其西部边境与蜀国接壤。古蜀国的疆域东接于巴，南接于越，北与秦分，西奄峨嶓。他们拥有各自的文化习俗和历史文明，在秦统一六国之前巴国和蜀国一直保持独自的风俗习惯和文化历史，直到秦王统一六国后，受到战争的影响，文化相互交融，才逐渐演变成巴蜀文明。

人们常说的"蜀地"主要包含两个层面的含义，其一指的是古蜀王国的部落辖区，也就是西王母国的统治范围。从传说中的蜀山氏起源，到蚕丛称王，历经柏灌、鱼凫、杜宇、开明五个氏族的统治，直到被秦国统一以前蜀人生活的区域。据《华阳国志•蜀志》记载："周慎王五年秋，秦大夫张仪、司马错、都尉墨等，从石牛道伐蜀，开明氏遂亡，凡王蜀十二世。"其二是指受古蜀国风俗和文化影响的范围。在距今约300万年前至距今约1万年前的旧石器时代，成都平原就有人类使用打制石器活动的痕迹，标志着蜀地进入了人类文化的早期阶段。随着自然气候的日益变暖，采集、捕猎和打渔有了快速发展，新的发明和创造相继出现，大约在距今6000年前，蚕丛氏在成都平原以西的岷江流域地区建立了蜀国。蚕丛氏后的鱼凫王国疆域逐渐扩展到成都平原腹地以及沱江流域。再到后面的杜宇王朝把岷江水患治理好后，可耕种的土地迅速增加，势力范围扩充到成都平原的大部分地区，经济生产发展到农耕时代。

无论是以辖区来定义，还是采用风俗文化影响方位划分，蜀地产生的独特文化特征被后人称作古蜀文明。史书记载"蜀之为国，肇于人皇"，蜀地文化从成都平原西北部发展到平原的中心区域，文化辐射至蜀国周边邻近地区发展不同步的族群中，这些族群文化统一构成了古蜀文化，或称古蜀文明。三星堆文化是距今3700年至3200年古蜀文明的第一个高峰，它是历代蜀王所代表的不同蜀地文化的最早汇聚点，体现了古蜀城邦鲜明的文化特征。

古蜀文明作为中国西南地区重要的文化特征，是奴隶制社会的重要代表。蚕丛后的鱼凫王朝、开明王朝，政治、经济快速发展，蜀国中心不断更换，从茂汶到成都再到广汉，先后经历了宝墩文化、三星堆文化、巴人文化直至最后的古蜀文明。宝墩文化被认为是古蜀文明的源头，从公元前2700年至公元前1900年，持续了800年时间。宝墩文化包含6座古城，是成都早在中华文明起源阶段就被称为长江上游文化的最好佐证。

古蜀文明在成都平原从兴起到消失经历了2000多年的时间，鉴于殷墟卜辞与周原卜辞里均是有蜀而无巴，故可泛称为古蜀文明。因为没有准确的文字记载，关于古蜀王国的记忆在它消失没多久后就逐渐模糊起来，出自晋代的《华阳国志》对古蜀国有少量文字描述；到了唐代，诗人李白质疑“蚕丛及鱼凫，开国何茫然”；越到后来，古蜀王国的踪迹就越难寻觅。殷墟卜辞中的蜀地中心区域在成都平原，蜀文化圈的范围大体上和后来《汉书•地理志》所载与巴蜀同俗的地域相当。中华文明多元一体，从古蜀文明的兴盛到衰落历程，能够看出从多元逐渐走向一体的发展过程，上下五千年的中华文明发展不是单一体系的，古蜀文明无疑就是其中最为悠久、最为奇特的一支。从某些方面来说，古蜀文明与黄河文明、长江文明、红山文化等都是古老的华夏文明中不可缺少的一环。

神奇的古蜀文明历经“宝墩文化”“三星堆文化”“金沙十二桥文化”“战国青铜文化”，直到公元前316年秦灭六国、并巴蜀。经过科学家不断的考古发现，古蜀文明带给我们一次又一次巨大的惊喜，让我们惊叹于古人的智慧，也给我们留下无数的未解之谜。相信未来随着三星堆考古工作不断更新，将有更多的古蜀文明呈现，为我们打开历史的文化宝库，鉴证古蜀文明更多的辉煌。

## 五、金牛古道

相传2000多年前巴蜀大地没有通往中原地区的道路。据《蜀王本纪》《水经注》等古书记载，战国时期，秦国想要征服蜀国，但崇山峻岭，道路险阻，无路可行。于是秦王命人造五头石牛送给蜀王，并将金子预先放在石牛屁股下，向蜀使者谎称每头石牛每天能屙1000两金子。于是，贪财的蜀王命大力士开路，去迎石牛归蜀。经过千辛万苦，道路修通了，蜀王迎来的不是能日屙千金的石牛，而是秦国的万千铁骑，于是蜀国灭亡了。后来人们把这条路称为“金牛道”或“石牛道”。

在《华阳国志•蜀志》中记载，秦惠王想征服蜀国，知道蜀王好色，答应送给他五个美女。蜀王派五位壮士去迎接，回到梓潼（今四川剑阁之南）的时候，看见一条大蛇进入山穴中，一位壮士抓住了它的尾巴，其余四人也来相助，用力往外拽。不多时，山崩地裂，士兵和美女都被压死，大山分为五岭，入蜀之路遂通。这是金牛古道典故的另外一种说法。

这两个传说故事虽有不同，却说明开明王贪财好色，才会利令智昏，相信秦王的鬼话。故事虽带神话色彩，但金牛或石牛古道的开通却是事实，2000多年前，生产力低下，古人

图 1-5　秦王金牛破蜀　作者：高中立

劈山开路征服自然的能力非常有限，金牛古道的开凿极具神奇色彩，正如李白的诗中所言的“然后天梯石栈相钩连”。成都的金牛区名、金牛坝名，就源于金牛古道的典故。

## 六、古蜀国猜想

三星堆古蜀文明的消失成为一个谜，环境如此优越、物产如此丰富的古国怎么就突然消失了？根据竺可桢先生的研究，过去5000年共有四个寒冷期和温暖期交替。从公元前3000年至公元前1000年这期间，属于第一个温暖期。而这期间，古籍神话中出现最多的天灾就是“史前大洪水”与“数年干旱”交替。一次高气压圈较快扩展形成冰川雪线的上升，导致洪水泛滥，致使三星堆古国消失。

《蜀王本纪》记载：“蜀王据有巴蜀之地，本治广都樊乡，徙居成都。”《华阳国志•蜀志》记载：“移治郫邑，或治瞿上，在开明时代徙治成都。”经过科学调查、勘测和试掘，确认了三星堆城址是夏代晚期至商代古蜀国的都城。关于蜀王故都，历史文献记载非常少。

在中国上古文明中，三星堆古蜀

图 1-6　古蜀国洪水泛滥　作者:刘玲

图 1-7　古蜀宫殿猜想　作者:蔡文婕

文明是其重要的组成部分，三星堆遗址上承新石器时代晚期，下与成都平原的金沙十二桥遗址前后相继，文化面貌和风格大体一致、脉络相续，因而应该完整地称为三星堆金沙文化。

古代蜀地本土文献《华阳国志·蜀志》记载，先秦古蜀王国地域曾经相当辽阔，其地“东接于巴，南接于越，北与秦分，西奄峨嶓”，即指四川盆地内大体以涪江一线与巴国分界，西边已经深入川西高原，北边抵达秦岭，南边已邻接后世中越边界，地域相当辽阔，族群众多。该书其后又详述杜宇王国时期的疆域“以褒斜为前门，熊耳、灵关为后户，玉垒、峨眉为城郭，江、潜、绵、洛为池泽，以汶山为畜牧，南中为园苑”。

三星堆古蜀王国是上古时期地处中国大西南地区，地域辽阔、族群支系众多、生产方式多元多样的早期文明共同体，作为上古大西南地区规模颇大，几乎整合一方的区域文明，在中国早期文明进程中具有十分重要的历史地位。

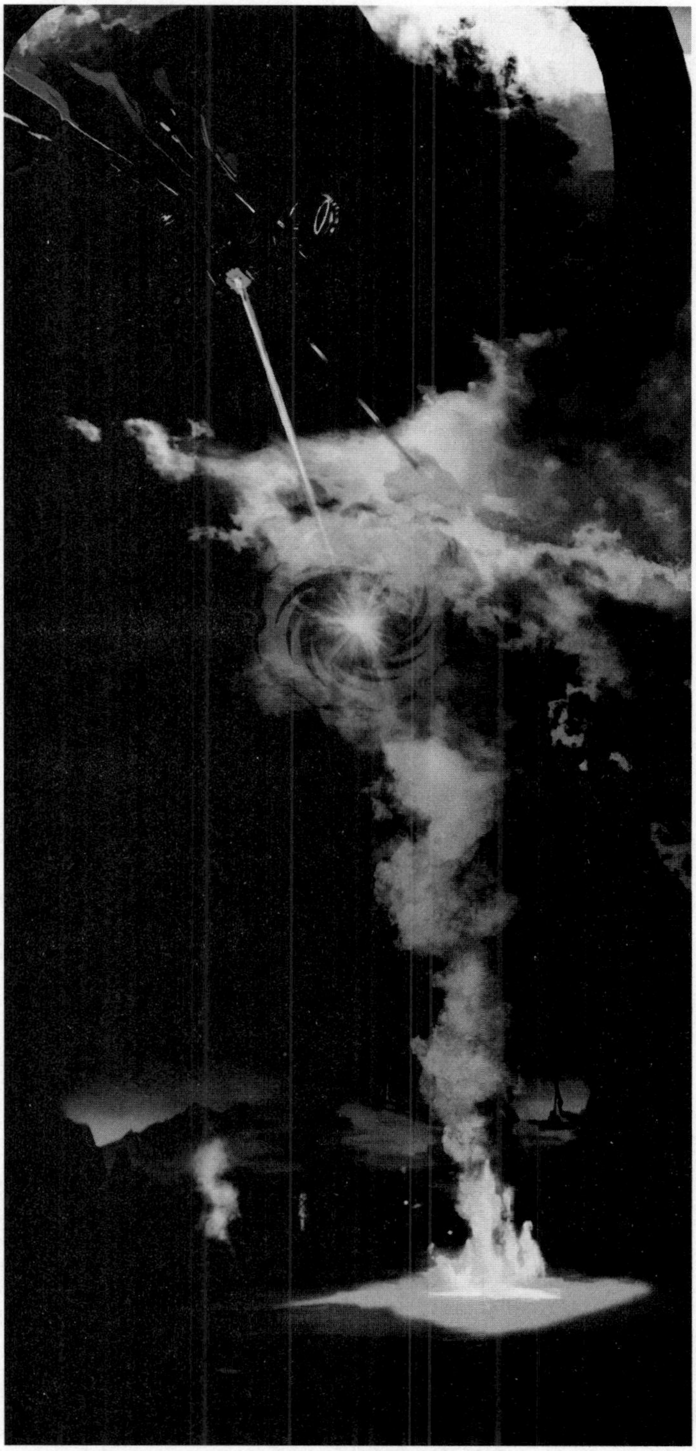

图 1-8　古蜀文明猜想　作者:史翔宇

# 第二章　古蜀文明

# 古蜀文明

文明和文化，有一个渐进式的发展历程，三星堆的城池、器具不是一夜之间就有了的。那么，以三星堆文化为代表的古蜀文明源头在哪里呢?

## 一、从巴蜀图语看古蜀文明

巴蜀图语通常指的是巴蜀符号。巴蜀符号是在四川出土的战国至西汉初期的文物上发现的150多个不同的图案和符号，这些图案和符号统称“巴蜀符号”。巴蜀符号中的图案大多来源于生活中的实物图像转化的符号，可以分为象形符号和指示符号。随着时间的推移，巴蜀符号的书写方式和图案形态被道教承袭采纳，融入道教的字符、云篆之中，存活于丰富的民间巫术之间，有着浓厚的巫术气息，赋予巴蜀符号新的形式和内涵。

巴蜀符号是由居住在雅砻江和金沙江合流后的一带，皇帝之子昌意的后裔族群，与甘肃蚕丛氏后裔的“纵目人”以及蜀地本土族群融合形成的古蜀人，与周边各族群部落共同形成的文化集群符号。这种符号既不是纹饰，也不是文字，它是带有原始巫术色彩的吉祥符号，承担着原始部落族群的精神凝聚与社会整合的功能。三星堆遗址出土文物上的图腾和符号就是巴蜀符号早期的原始形态反映，是古蜀文明的重要体现和象征。

语言是人类记录社会发展和变化的载体，文字是用来表达和传递信息的工具，古蜀人采用特殊符号作为文字的替代，用以记录当时生产生活的状态，开创了早期的甲骨文字。考古专家对甲骨文进行研究，发现甲骨文中有很多现实物品具象的图案符号，人们的主要记事工具是采用形象的图案刻画于龟甲上。在古蜀时期，与甲骨文较为相似的文字

图 2-1　三星堆遗址出土的巴蜀符号

就是现在考古界提出的巴蜀图语。

1986年轰动全球的三星堆遗址被农民燕道诚偶然发现后，持续不断的科学考古一直在进行，已经出土的金器、青铜器、玉石器让世界震惊，但三星堆考古有一个非常尴尬的现象就是没有任何文字出现。金属工具、城池遗址、文字记录是作为国家文明的重要条件，三星堆遗址具备了金属和城池，然而缺乏文字的记载，成为三星堆一直没有打开的谜团。

关于古蜀国文字在《汉书》中有记载：“郡国（蜀地）之有文学，自文翁始。”意思是古蜀国人识字是从文翁开始的，文翁是西汉人，西汉之前蜀地没有文字。但是，东晋史学家常璩说：“有周之世，限以秦巴，虽奉王职，不得与春秋盟会，君长莫同书轨。”意思是西周时期，巴蜀人作为西周时期的少数民族，要服从中原的统治，但不允许巴蜀人与其他诸侯结盟，君长之间的书信来往采用不同的文字，连车道的宽度都有所不同。从这段文字记载来看，古蜀国是有文字的，只是与中原的文字不同。常璩说古蜀国是有文字的，但是考古并没有发现任何文字，在三星堆遗址陶器上有刻画符号，这些符号与四川和重庆发现的巴蜀图语相同，专家推测这些“三星堆符号”（如图2-1所示）可能就是古蜀国的文字。

第一个符号“X”像两个交叉的木棍，古语言学家认为这是繁衍的意思，体现了巴蜀文明的繁衍与流传，代表生活在古蜀国的人类与外来部落有了融合。

第二个符号“八”像高耸的山峰，代表巴蜀两个部落在广汉建造的“金字塔”就是现在的三星堆。专家认为这是积极向上的力量感，是古蜀人积极态度的表达。

第三个符号“ㄟ”像天穹下的洪水，记录了在某一个时间里，曾经发生过的滔天洪水，寓意天空之下所见均是洪水。也有专家认为这个符号指的是太阳，展现了古蜀人对太阳的崇拜。

第四个符号“Ɋ”像流泪的眼睛，讲述了这次洪水给古蜀人造成了巨大的灾难，到处哀鸿遍野，死伤无数。也有专家认为这个符号是“D”和“Q”的融合，像鸟的眼睛，是一种具象图腾。

第五个符号“”像山峰里面有道门，代表他们修建的“金字塔”（现三星堆古城）里藏着一扇门，人们通过这道门进入“金字塔”。也有专家认为这个符号意味着远行。

第六个符号“”像发光的怪物，代表古蜀人在“金字塔”里面藏有一种能够发出耀眼光芒的怪物，这个怪物是远古人类从来没有见过的。也有专家认为是古蜀人头顶有一片天。

第七个符号“”像飞碟状物体，代表发光的物体被启动后，可以带着古蜀人飞上天空。也有专家认为是池塘的绘画图案，就是古蜀人绘制的“三星堆古池”。

表 2-1 巴蜀矛和剑上的符号

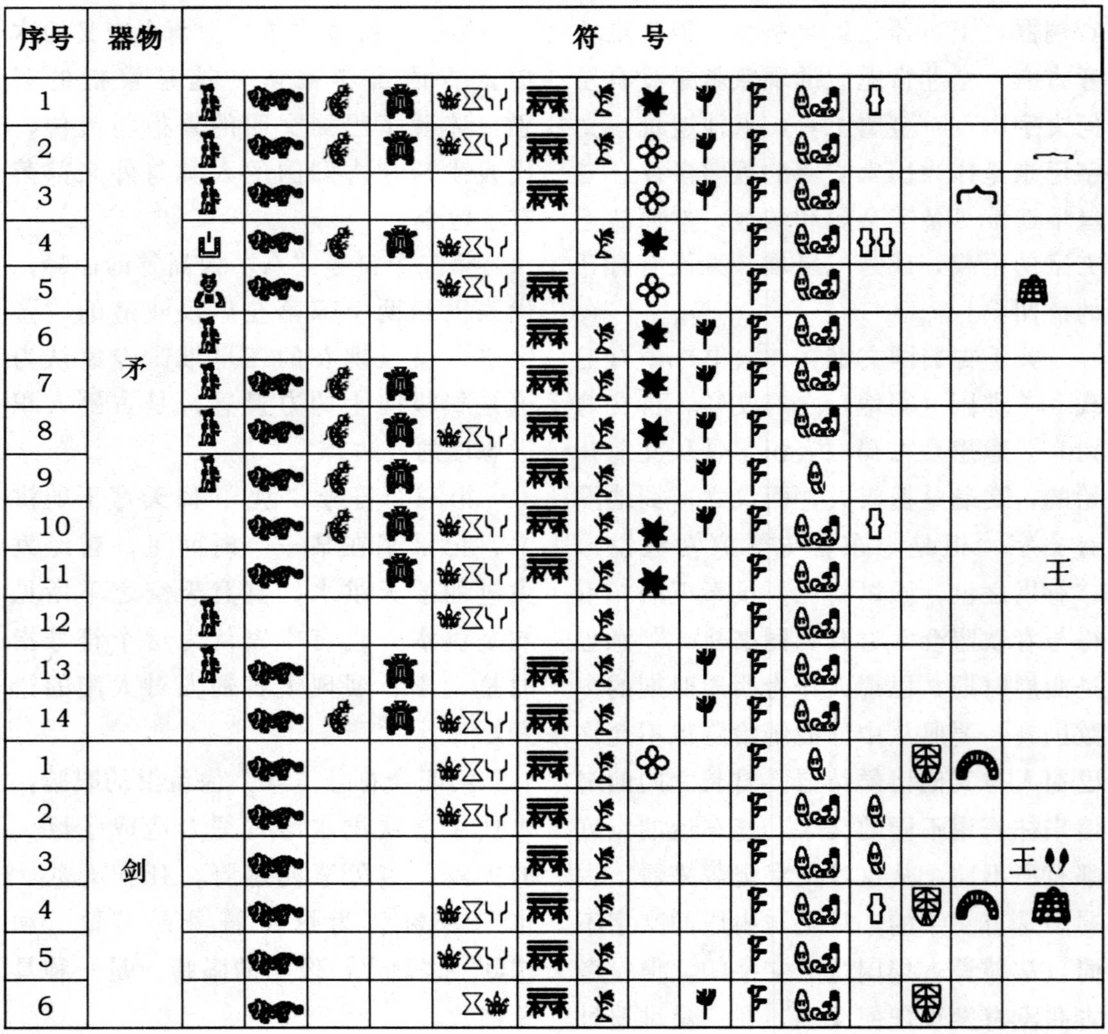

## 二、巴蜀戈文

中国文字历经千年，先后经历了甲骨文、金文、隶书、草书、楷书、行书的演变，但是，中国文字历史长河里面却没有巴蜀图语的出现。在20世纪50年代之后，陆续出土的巴蜀铜戈有大量的铭文，这些铭文像汉字一样横向排列整齐，每个符号之间有一定的距离，考古界把这些铭文称之为巴蜀戈文。1954年以后四川地区接连有印章出土，印章上的符号与巴蜀戈文十分相似，考古界把这些出土的印章叫作“巴蜀印章”。考古学家把镌刻在巴蜀墓葬里的戈、剑、矛、钺等铜兵器上的巴蜀戈文和钟、鏊、钲等铜乐器、铜工具和生活用具上的图案，以及巴蜀印章统一称作巴蜀图语。

巴蜀戈文对研究中国文字的发展有着重大的意义，它能否像公元前2700年古苏美尔人所创造的楔形文字一样被破解，仍未可知。这些没有声音，只有一幅幅图案的巴蜀戈文，仍旧向人们展示着神秘而古老的古蜀王国。只有当巴蜀戈文被破解的时候，我们才能更为清晰地了解曾经高度发达的古蜀文明。

三星堆文化以后的蜀人兵器上能看到许多符号形图案，在战国中晚期，双戈戟形符号多见于铜剑和矛上，这些符号通常铸造在器身的两侧。如果按照文字自上而下、先右后左的编排习惯来看，铜矛与铜剑上的符号排序组合比较相近。这些符号在铜剑和铜矛上常见的排序模式显示出巴蜀戈文符号间有着相互联系，这一现象引起了学者的高度关注。这种有序的排列超越了巴蜀符号的功能，透露出巴蜀文字早期的记录作用。

巴蜀戈文集中出现在铜矛和铜剑上，从地域分布来看，铜剑主要分布在重庆九龙坡区冬笋坝、重庆涪陵区小田溪、四川广元宝轮院，铜矛主要分布在四川什邡、四川峨眉符溪、四川云阳李家坝、四川宣汉罗家坝。这些区域虽然都是巴人和蜀人生活的区域，但是出土文物所处地理位置间隔较远，属于族群单独使用的文字可能性不大，这些相距甚远的兵器上出现的戈文图案顺序排列有着明显的规律。因此，推测出这些符号有着文字记载功能。

图 2-2　四川地区出土的巴蜀符号

图 2-3　浙江省博物馆藏巴蜀古印

图 2-4　四川荥经同心村出土古印

图 2-5　四川雅安出土战国古印

## 三、巴蜀印章

巴人和蜀人指的是从新石器时代到秦统一六国期间，生活在四川及周边地区的古代族群。从商代晚期到战国晚期，巴蜀先民孕育了发达的印章文化，目前出土有1000多件，巴蜀印章上有150余种符号，这些符号分别代表特别的含义。专家认为，巴蜀印章的符号不是汉字，但是印面内容寓意隐晦。这些印面内容由独特的符号组成，这些符号介于文字和图案之间，具有标识、称谓、徽记等使用功能。如果从单个的符号来看，这些符号可以分为与动物相似的象形符号和以表达形态为主的抽象符号。据先秦史文学家徐中舒教授著的《古今文字对照表》推测，巴蜀印章符号“只能表意，不是可以按字宣读的语言，只有巫师才能认识”。

巴蜀印章在多个地点均有出土，但主要以成都平原及周边地区为核心区域，在这一区域，有十余个地点出土了巴蜀印章。目前已经出土巴蜀印章的地点中，北端为四川广元昭化宝轮院，南端至云南昭通，东至重庆云阳李家坝，西至四川宜宾向家坝。从这些出土区域来看，今内江、遂宁、南充、广安等地存在空白区域，四川宜宾到重庆的长江水系以南，目前也未发现巴蜀印章。

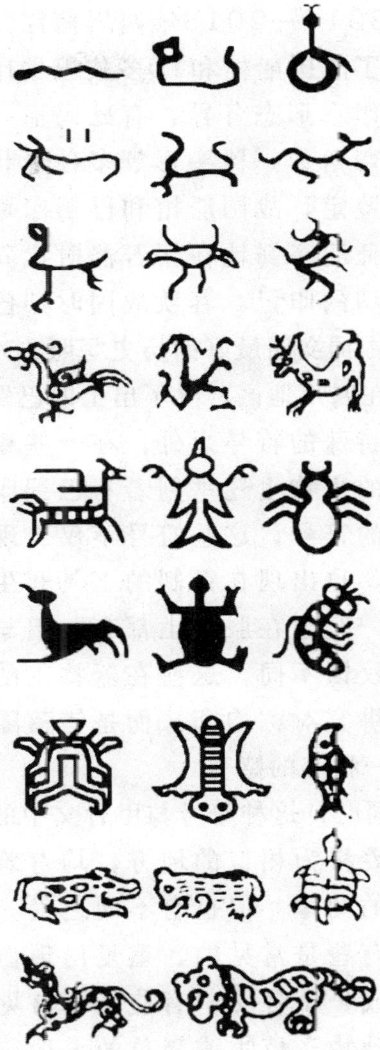
图 2-6　战国时期巴蜀符号

在现有的出土文物中，最常见的巴蜀印章有虎、鸟等动物符号。从这些印章上的符号形状来看，传递着当时部落人群的一种文化思想。从图案的形状分析，这些符号都没有采用对称图形设计的特征，也没有节奏韵律可循。这些刻画的符号，不知道是否具备语言阅读发音功能，只能根据其形状大致猜测其作

2016—2018年四川蒲江鹤山镇出土了战国船棺和10多枚巴蜀印章，这些印章形态各异，有砝码形、花蒂形、弯角形、覆头形等多种形状。经专家鉴定，战国船棺和巴蜀印章的出土，证明了蜀地在新石器时代就有人类活动的印记。春秋战国时期巴蜀印章是古蜀文明最好的历史写照。

在四川地区，除了出土的巴蜀印章上有特殊的符号之外，在一些墓葬里出土的文物上还镌刻着与巴蜀印章所不同的符号，这些符号不仅出现在兵器上，也出现在铜制的工具和生活用具上，甚至在服装上都有。但与服装上的纹饰不同，这些在器物上的符号并不讲究对称均衡，而是错落随意，给人一种美的感受。

同时，这种符号与甲骨文中的象形字有着极为相似的地方，均有着表达含义的图像。但也有不同之处，这种符号有些是常见的，重复出现，可以独立成一个含义；有些是不常见的，形如动物、植物或简单的人形，组合在一起显示出一定的复杂性含义。

巴蜀印章的符号寓意一直是未解的谜题，巴蜀印章出土的墓地也无规律可循，不论采用何种葬具的墓葬，均有印章出土。除了荥经同心村墓地甚为特殊外，印章墓在其他各个墓地、各类墓葬中的比例大致相同。从墓葬规模大小来看，这些墓地并非面积最大、随葬品最多，但却有印章出现，所以巴蜀印章并不是墓主身份等级、财富的标志，而可能是用来表示其所有者从事某种职业或具有某种技能的用品。从墓葬规模来看，从事这种职业或拥有这种技能的人，在所处的社会群体中的地位并不甚高。

巴蜀印章、巴蜀戈文和出土器物上的图案和符号共同构成巴蜀图语。从地域分布来分析，巴蜀图语是古代巴蜀大地各部落族群交往过程中文化交融的产物，并不是某一个部落或者某一个特定区域独立拥有的物品。巴蜀图语中的一部分是以具象的象形符号为代表，另一部分是以抽象的符号为主，具有浓郁的巫术色彩。巴蜀图语作为巴蜀文明的重要体现，承担着精神凝聚和文化传承的作用。法国著名哲学家德里达认为“从本质上讲，不可能有无意义的符号，也不可能有无所指的符号”，所以巴蜀图语在构建之初，先民一定深入思考了这些图案的存在意义。古文字学家徐中舒认为“古代文字是由巫师创造的，也由巫师世代相传加以发展”。所以巴蜀图语的图形和符号多有巫术意蕴，与远古巫术存在着千丝万缕的关系。

图 2-7 探秘古蜀国 作者:马铑

## 四、巴蜀文明变迁

围绕巴蜀文明起源的研究，一直是考古学家和历史学界热衷的话题。巴蜀地区地处中国地理版图的西南方向，在历史上曾经是一个相对独立的地理单元，长期是同一个少数民族的聚居地带。巴文化和蜀文化历史悠久，与齐鲁文化和三晋文化共同形成中国上古时期三大文化体系。地理位置影响自然环境，风土人文形成地域文化，巴蜀文明作为中华文明五千年历史长河中不可或缺的部分，其发展历程和文化特色与巴蜀地区独特的地理位置和人文环境有着紧密联系。《汉书•地理志》记载：“凡民函五常之性，而其刚柔缓急，音声不同，系水土之风气，故谓之风；好恶取舍，动静亡常，随君上之情欲，故谓之俗。”意思说人的观念和行为取决于水土构成的地理环境和君王引导的人文环境。

四川地区岷江上游一带有着丰富的史前遗址，包括营盘山遗址、姜维遗址、箭山遗址、波西遗址、沙乌遗址、下关山遗址，与巴蜀地区新石器时代的宝墩遗址、三星堆遗址存在文化关联与传承，反映出中国古代南北方文化地域特征和族群迁徙路径，证实了营盘山与三星堆文化的关联，形成了巴蜀文明发展脉络。

巴蜀文明起源于四川盆地东缘“巫山人”化石的发掘。1951年和1980年先后发掘的“资阳人”和“�连人”化石有5万至10万年历史，他们都属于“晚期智人”。巴蜀地区旧石器时代的文化遗址主要包括资阳鲤鱼桥、汉源富林镇、成都羊子山、铜梁张二塘、遂宁起鄢口、攀枝花回龙湾、重庆九龙坡和丰都烟墩堡等地。在新石器时代，遗址范围迅速扩张至东起巫山、西到大渡河、南到长宁、北至阆中，活动范围比旧石器时代明显扩大，经济文化生活也快速进步。这一时期有大溪遗址、营盘梁遗址和边堆山遗址，这些遗址相继出土文物1000多件，包括有陶器、玉器、象牙以及彩陶上的谷穗纹饰，确立了新石器时代巴蜀文明起源。

四川盆地地形促成了相对独立的文化区域，同时，盆地又像聚宝盆一样，善于包容和聚集，使巴蜀文明成为南北交融文化聚集的复合体，例如三星堆一、二期出土的铜牌与夏朝中晚期的二里头文化特征相符，三星堆和金沙遗址出土的玉琮、玉璋与五千多年前的良渚文化相似，这些都证明了巴蜀文明变迁与中华文明密不可分，巴蜀文明影响了中国西南各族群部落，甚至对南亚很多国家都有辐射作用。

四川地区发掘的30多处新石器时代遗址，为巴蜀文明的起源奠定了坚实的基础。巴蜀古人为五千年辉煌灿烂的历史文化注入了丰富的神话故事和人文历

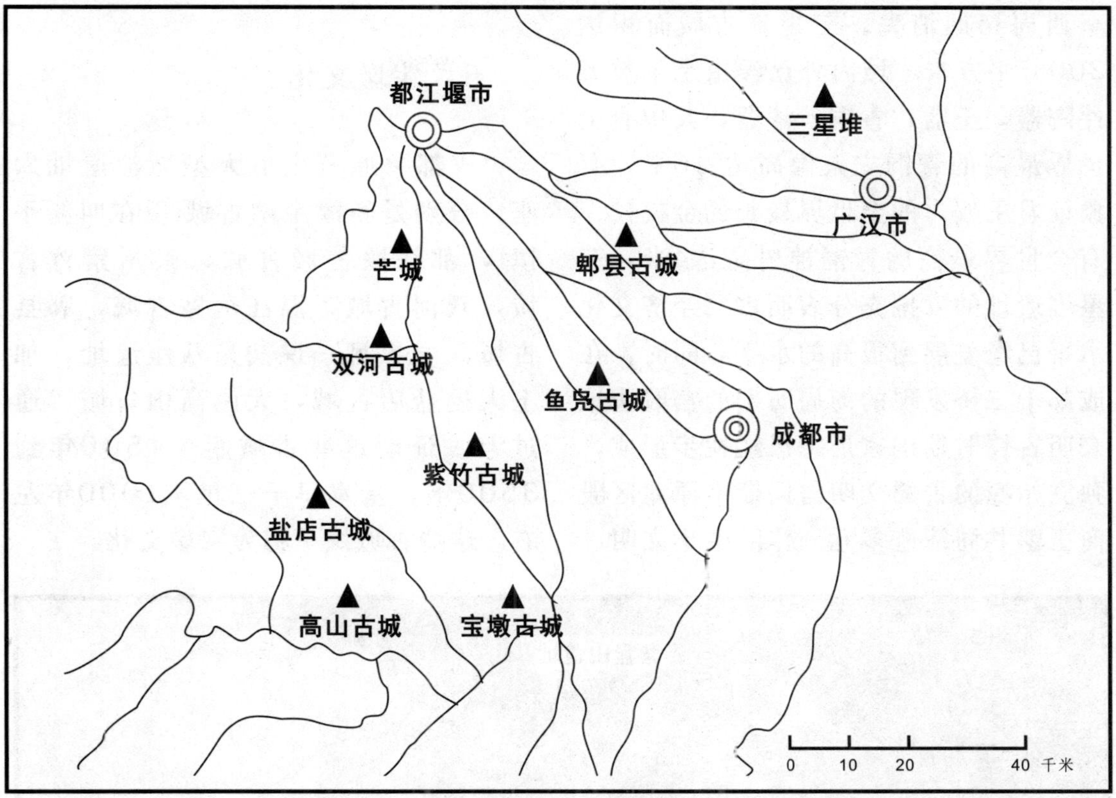


图 2-8 成都平原史前文化遗址分布图

史，从最开始的蜀王祖先蚕丛到柏灌，再到后来的鱼凫、杜宇和开明，先后经历了采集、渔猎、农耕为主的生活方式。近年来，在成都平原先后发现了六座古城遗址（如图2-8所示）分别处于成都市新津区龙马乡宝墩村、成都市温江区万春镇鱼凫村、都江堰市青城乡芒城村、成都市郫都区三道堰镇古城村、崇州市元通镇双河村、崇州市隆兴镇紫竹村。考古专家在这六座古城遗址发现了人类活动的痕迹，这六座古城都建在岷江水域道旁，其中宝墩遗址面积达到66万平方米，出土的大量灰陶与中原地区龙山文化明显不同，拥有巴蜀地区独有特色。

从考古发掘来看，巴蜀地区的六座古城遗址其文化内涵呈现出相互延续的关系，最早出现的是宝墩古城，芒城紧接宝墩，稍后是双河、古城和鱼凫早期，宝墩文化晚期呈现出向三星堆文化转变的特征，逐渐向国家形态发展，直至走向巴蜀文明鼎盛时期——三星堆文化。

按年代划分，三星堆文化可以分为四个时期，始于与宝墩文化相接的新石器时代晚期，历经夏商、殷周直至西周初期消失，三星堆古城面积达300万平方米。城内外已经出土了数万件陶器、玉器、青铜、漆器，其中有全世界最高的青铜立人像高达2.6米，有象征君王权力的全世界最长的金权杖，有全世界最高的青铜神树高达4米。三星堆遗址的发掘充分表明古蜀经济文化水平已经发展到很高的水平。同时，在成都十二桥发现的商周时期的宫殿遗址表明古蜀时期国家形态已经初步形成，独立始源的古蜀文明与同期中原地区殷商王朝共同缔造多元一体的中华文明。

## 五、宝墩文化

成都平原有史前大型城池遗址六座，分别是新津宝墩古城(现在叫新平镇)、都江堰芒城古城、崇州紫竹古城、双河古城、温江鱼凫古城、郫县古城。学界另一说法为八座遗址，加上大邑盐店古城、大邑高山古城。通过考古证明这些古城距今4500年到3500年，基本早于三星堆1000年左右。这些古城统一称为宝墩文化。

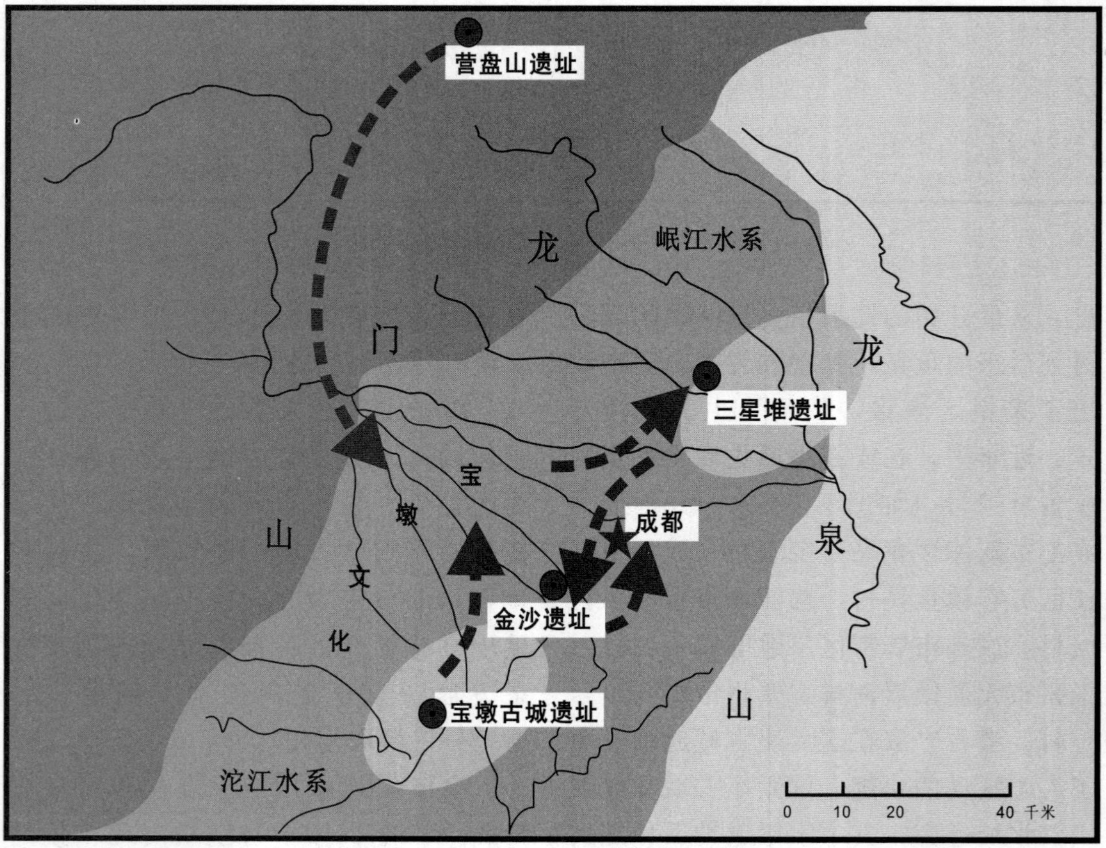


图 2-9　古蜀先民沿岷江往南迁徙路线图

宝墩文化作为古蜀文明发展初期的代表，是目前我国西南片区人们发现历史年代最早的史前部落族群，同时也是分布最为密集、城池最大的文化遗址，城墙和建筑都是采用“双向堆土、斜向拍夯”的构造方式，具有明显的城邑聚落建筑形态，成为成都平原最早的古城。早期的宝墩古城坐落在新津的龙马乡宝墩村，城墙周长3200米，最宽地方达25米，最高城墙超过5米，建设土方接近40立方米，遗址南北长1000 米、东西宽度 600 米，面积达 60 万平方米，城池之大超出人们想象，用现代建筑经验分析，需要万余名成年劳动力经过多年的劳作方能建成。从建筑构造来看，宝墩文化时期的居住者已经进入农业定居的生活模式，其原始氏族组织社会结构已被更为复杂的社会制度予以取代。

宝墩文化作为古蜀文明重要的组成部分，它被誉为农耕之源、天府之根，是中华文明之光。从公元前2700年至公元前1900年，宝墩文化前后延续了800年。800年间宝墩人并非一成不变地待在同一个区域，而是不断地迁移城址，他们居住的范围几乎涵盖了成都平原的所有区域。正是宝墩文化的出现将巴蜀文明推进到远古的新石器时代。从三星堆遗址的文化发展阶段来看，宝墩、三星堆都出土有磨制石器及夹砂陶片，同时，三星堆出土了金杖而宝墩则有象牙权杖，所以宝墩的本土文化特点和继承性非常强。

6000多年前，在岷江上游狭长的河谷地带——茂汶盆地居住着一批先

表 2-2　宝墩文化古城遗址分布年代及地理位置

| 名称 | 位 置 | 年 代 |
|---|---|---|
| 宝墩古城 | 成都市新津区新平镇宝墩村、双石村 | 新石器时代晚期，距今4500—4000年 |
| 鱼凫古城 | 成都市温江区万春镇鱼凫村 | 新石器时代晚期，距今4000—3700年 |
| 郫县古城 | 成都市郫都区三道堰镇古城村 | 新石器时代晚期，距今4000—3700年 |
| 芒城古城 | 成都市都江堰市青城乡芒城村 | 新石器时代晚期，距今4500—4000年 |
| 紫竹古城 | 成都市崇州市燎原乡紫竹村 | 新石器时代晚期，距今4500—4000年 |
| 双河古城 | 成都市崇州市上元乡芒城村 | 新石器时代晚期，距今4000—3700年 |
| 高山古城 | 成都市大邑高山镇 | 新石器时代晚期，距今4500—4000年 |
| 盐店古城 | 成都市大邑盐店村 | 新石器时代晚期，距今4500—4000年 |

民，他们靠种植粟和黍之类的旱地作物为生，勉强维持着生存，形成了十余个大小不一的聚落。后来，由于干冷气候的严重影响，茂汶盆地的旱地作物产量大大降低，无法满足生活需要，先民们开始尝试寻找南下迁徙之路。

5000多年前，有一小批古蜀先民从茂县翻越龙门山脉的九顶山进入什邡桂圆桥一带。但成都平原水网密布，环境大不相同，并不适合种植旱地作物，所以在什邡桂圆桥生活的古蜀先民们并没有得到大的发展。茂汶盆地的先民们不得不另寻迁徙地。终于，在距今4500年前，一大批古蜀先民沿着岷江往南迁徙，来到新津。

为了防范洪水侵袭、保护水稻种植，古蜀先民在新津建起了宝墩古城。建设初期城墙内的城池仅有60万平方米，但迅速增长的人口很快就使得旧城不够居住了。于是，先民们便在旧城墙的外围又筑了一圈更大的方形圆角的城墙，使宝墩古城的面积达到约270万平方米，成为新石器时代全国第四大史前古城。

图 2-10　三星堆之窥探　作者：吕宜宸

图 2-11 三星堆的洞中天地 作者：张萌

图 2-12　芒城遗址猜想1　作者：唐芬

## 六、芒城遗址

在宝墩古城建立不久之后，蜀人又在如今都江堰市新建了芒城古城，史称芒城遗址。芒城遗址所处位置位于岷江上游灌口，传说是二郎神居住的地方，是古蜀人进入成都平原的咽喉之地，同时也是古蜀先民采集渔猎、筑城居住的最佳场所。古蜀先民为了保护自己的土地、财富，防御敌人的进攻，其内外城垣系同期修筑，均为夯筑而成。两道相距20余米的城垣之间形成一道深4米多的壕沟环绕整个遗址，壕沟内底部充满淤泥，证明当时壕内长

图 2-13 芒城遗址猜想2 作者：唐芬

期蓄满了水，这表明芒城的建立主要是控扼通道、加强防御。

学术界普遍认为宝墩古城是芒城古城发展的前期建设，它们之间存在着垂直的先后等级关联。匪夷所思的是芒城和宝墩古城使用的时间都不太长久，古蜀先民为什么放弃了两座辛辛苦苦建立起来的城市？或许是一场洪水的破坏？或许是一次瘟疫？或许是两座古城的先民，被日益强大的“三星堆蜀都”所吸引，人类对更高文明的追求，使得宝墩文化最终并入三星堆文化？到现在都是未解之谜。

图 2-14　三星堆之未来世界　作者：周博雅

图 2-15 三星堆宫殿 作者：简琳达

# 第三章　三星堆文化

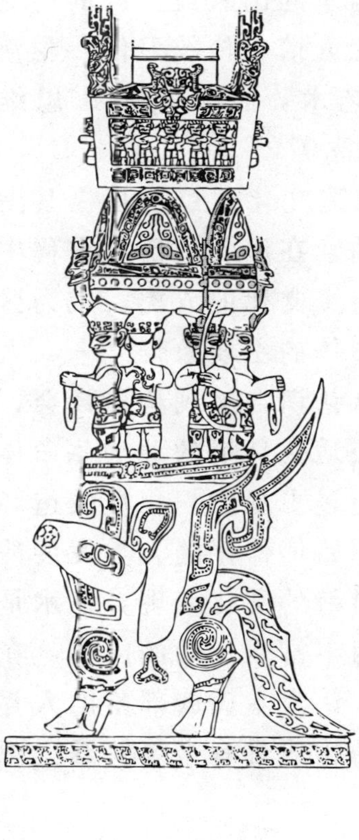

## 三星堆文化

文化作为一种社会现象，既是人类在漫长的时间里所创造出来的，也是人类社会和历史的沉淀。文化是凝结在物质之中又游离于物质之外的，是能够被传承的国家或民族的历史、地理、风土人情、传统习俗、生活方式、文学艺术、行为规范、思维方式、价值观念等。

人类创造文化的过程是极其漫长而且复杂的。在漫长的历史进程中，掌握并创造了文化的人类，成为区别于动物生命体的主要象征之一。人类为了生存从认识自然到构建社会，已经不是消极适应环境的动物生命体，而是能够通过主观意识积极改造环境的人类。原始信仰伴随人类发展的进程是最为显赫的文化表现，艺术是原始信仰最为丰富而生动的内容。在原始信仰中，认为本氏族部落的人都源于同一种动物或具有亲缘关系。图腾是一个团体的标志，它的作用是区分不同的族群。从一个图腾中，我们可以推断出一个民族的传说、历史记载和风俗。在远古时期，有一种说法，那就是某种自然生物或者生物的肖像画，与他们的传承有着某种血脉上的关系。于是，图腾信仰便与祖先的崇拜产生了联系，在很多图腾传说中，他们的祖先来自某种动物、植物，或者与某种动物、植物有血缘关系，于是，某种植物、动物便成为他们的祖先。

著名考古学家路易斯·宾福德说：“考古学面临的挑战是如何把现在对静态实物材料的观察逐字逐句地翻译成过去动态的生活，以及了解这些材料形成并保存到现在的历史条件。大部分考古学家感到这个挑战相当艰巨，难以克服，因为它要求我们更好地理解我们自己和物质世界的关系。”通过考古挖掘发现的古代器物、城池遗址或文化现象自身不会说话，不会告诉我们它的时代、功能，背后的人类行为、思想观念和历史文化意义，需要通过考古学家的解读和分析来呈现。随着科学技术的日益发达，科技考古成为新的方式，运用现代技术对古代遗迹进行“潜”解，并将其与考古相结合，探寻人类的历史与艺术。在我国，科技考古在信息技术、生物工程、艺术与设计等相关学科的融合下，解答了传统考古无法解释的一些问题，在考古勘探、年代测定、物质分析、图案研究等方面做了大胆尝试，拓展了考古研究方法，增添了新的考古研究领域，获得了更为丰富的考古信息。

## 一、三星堆文物中的典型图腾

在人类社会早期，动物与人的生存有着密不可分的联系，最初的图腾是由原始人所认可的某一种动物或自然生物与其氏族的特殊联系而产生的，而这种崇拜则是由图腾文化发展而来。

华夏是一个由各个部族组成的多民族国家，他们对图腾的崇拜，也是十分普遍的。据翦伯赞著《先秦史》所说：“东方伏羲氏为蛇（或龙）图腾；北方犬戎族为犬图腾；南方大多以猛兽为图腾；中部炎帝族，牛图腾。西方黄帝族的首领黄帝号有熊氏，为熊图腾；其他统率的氏族以熊、罴、貔、貅、虎为图腾。”关于有图腾崇拜的文献记载也较多，如《左传》昭公十七年郯子：“昔者黄帝氏以云纪，故为云师而云名。炎帝氏以火纪，故为火师而火名。共工氏以水纪，故为水师而水名。大皞氏以龙纪，故为龙师而龙名。我高祖少皞挚之立也，凤鸟适至，故纪于鸟，为鸟师而鸟名。”这里的云、火、水、龙、鸟就是当时氏族部落的图腾。

在古蜀文明中，以蚕丛、鱼凫、柏灌三代蜀王为代表，形成蜀国的早期文明，丰富的古蜀图腾这种独特的文化因素对后世古蜀文明产生了很大的影响。

《蜀王本纪》记载：“蜀王之先，名蚕丛，后代名曰柏灌，后者名鱼凫。此三代各数百岁，皆神化不死，其民亦颇随王化去。鱼凫田于湔山，得仙，今庙祀之于湔，时蜀民稀少。”《华阳国志•蜀志》记载：“鱼凫王田于湔山，忽得仙道，蜀人思之，为立祠。”根据上述文献记载，蜀人的祖先是“蚕丛”和“鱼凫”。随着成都考古工作的深入，成都温江区鱼凫村出土了大量鱼凫时代的文物，广汉三星堆遗址也有不少鱼凫时代的文物，很多器型与鱼类有关，充分反映了鱼凫的文化。鱼凫图腾中的一种是以鱼凫为原型的鸟类，这种

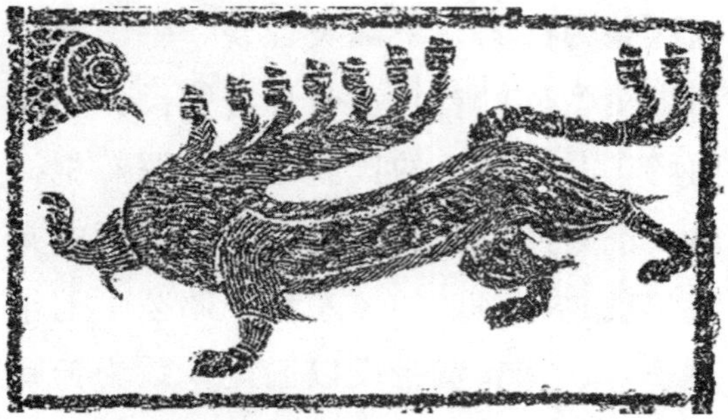

图 3-1　开明兽 汉石刻

图 3-2　开明兽 光绪二十一年(1895) 的立雪斋印本《山海经存》

图 3-3　开明兽 敦煌壁画

鸟类有认巢的习惯，所以在古代宗教的招魂仪式中，它们是被召唤出来的灵魂。三星堆出土的许多文物中均有鱼凫的图像，例如九鸟在神木上，人物面具上有鸟眼，金杖上的鱼纹，这些都是对鱼和鸟的图腾崇拜。由此可知，鱼凫时代就有了图腾崇拜，并以飞鱼为图腾，说明鱼凫时代以鱼凫为图腾有其独特意义。

## (一) 开明兽

《山海经•海内西经》记载:“ 昆仑南渊深三百仞。开明兽身大类虎而九首，皆人面，东向立昆仑上。”

开明兽是古代中国神话传说中的神兽。在蜀地的传说中，开明兽原本是一种祸害彭国的凶兽，但被鳖灵收服，为国家立下汗马功劳，鳖灵对此感恩戴德，自立为开明。也有人说开明氏是蜀国的一位贤君，死后升天。

晋郭璞《山海经图赞•海内西经•开明》记载：“开明天兽，禀兹金精；虎身人面，表此桀形；瞪眎昆山，威慑百灵。”明刘基《述志赋》：“开明怒目而电视兮，貙豹吼而山裂。”

据《竹书纪年》记载，开明兽是西王母的灵兽。拥有洞察万物、预卜未来的能力，每当西王母和东王公出巡，开明兽就会牵马执蹬。九首的开明兽象征着永恒的生命，暗示守护神开明兽坚守昆仑山的意志。

《山海经》里人面虎身的动物有三种，即陆吾、开明兽、人面虎身神，实际为同一种神，都是昆仑山的守护者。在敦煌莫高窟三清宫正殿、249窟、285窟三个地方都出现了开明兽的不同造像，一个为9首，一个为11首，一个为惊人的14首，头颅的安顿方式各式各样，可谓绝无仅有。

在山东嘉祥、山东滕州、江苏徐州等地出土的开明兽与《山海经》中的开明兽一致，都是九头神兽。“九头兽的头部，使用了人的形象来逐步取代传统形象中的虎头或龙头，这一做法带有明显的儒学色彩，可以理解为汉朝人对人的能力的一种肯定，也昭示了某种‘人定胜天’的理念。”开明兽是古代北方神话中的一种动物。“开明”和“陆吾”应该是西亚地区的一种有翼动物。

图 3-4　商周太阳神鸟金饰

### （二）太阳神鸟

鸟和陆生物种最大的区别在于可以凌空飞翔，自由地穿梭于天地之间，能发出各种悦耳的鸣叫声，有的还能啼鸣报晓，这些现象令古人认为鸟类就是上天的使者，从而产生对鸟的崇拜。在华夏上古传说中有许多有趣的神话，《诗经·商颂》就有“天命玄鸟，降而生商”的记载，相传商人先祖契的母亲吃了一颗鸟蛋，就怀上了契，所以华夏古人会认为自己是鸟的后裔，这正是古人对鸟崇拜的具体表现。

华夏鸟崇拜并非只出现在关于商族先祖契的感生神话中，而是从华夏文明诞生之初就已经存在。在伏羲女娲时代，华夏就有凤凰崇拜。伏羲女娲姓风也姓凤，上古时期风和凤是一样的，据说风就是凤扇动翅膀产生的。

在古蜀人心目中，鸟不仅是他们的保护神，更是人与神进行对话交流的中介。有一些学者认为古蜀国的第二个王朝柏灌时期的图腾就是一只鸟。杜宇王朝时期流传着“杜鹃啼血”的故事：杜宇把王位禅让给了鳖灵，自己却化为一只杜鹃鸟，整日哀伤啼鸣，口中的鲜血染红了杜鹃花。今天的成都市郫都区仍然有一座古老的“望丛祠”就是为了纪念望帝杜宇和丛帝鳖灵而建。李商隐写道：“庄生晓梦迷蝴蝶，望帝春心托杜鹃。”说明这个故事并不只是在蜀地流传。

在古蜀的各种祭祀物上，经常可以见到鸟的形象，大约是在4000年前的三星堆陶器上，古人把勺子的把手做成了鸟头的样子。进入青铜时代以后，鸟的造型就更加丰富了，三星堆、金沙都有很多，有的小巧精致，有的写实，有的抽象。

另一种说法则是认为鸟就是太阳的化身，太阳是由“三足乌”驮着在天上飞的，所以鸟就代表太阳，金沙出土的太阳神鸟，也印证了古人对这个说法是深信不疑的。2001年四川成都金沙遗址出土了一件金箔饰品，整个金饰呈一圆环形状，金饰上有复杂的镂空图案，分内外两层，四只鸟首足前后相接，朝同一方向飞行，与内层漩涡旋转方向相反。内层周围等距分布有十二条旋转的齿状光芒；外层图案围绕着内层图案，由四只相同的朝逆时针飞行的鸟组成。

太阳神鸟，是成都金沙遗址众多文物中最具魅力的一件作品。2005年太阳神鸟金饰图案被正式确定为中国文化遗产标志。它承载了古蜀人无尽想象的图腾崇拜，从金沙走出，融入城市生活，飞向世界。

### （三）太阳轮

人类对太阳的崇拜是人类早期共同的文化心理，在世界各地的早期岩画和文物中，有关太阳的图案或纹饰不胜枚举。处于农耕文明下的人类早期，对自然环境有强烈的依赖性，旱涝灾害很可能毁灭一个部落，所以，太阳的重要性不言而喻。为了表达对太阳的虔诚与崇拜，古蜀先民制作了多种形式的器物以祭拜太阳，祈求风调雨顺，祈求丰衣足食。1963年，在三星堆出土的文物中，有一件十分奇怪的文物，它的用途至今也无人可以证实，有人认为它是一个“漏斗”，也有人认为它是炊具，这件青铜的实物出土时周身遍布泥土，只能看到一个大圆轮，大家猜测这很可能是一个车轮子。当它完全显露出来后，发现并不是一个车轮，它直径为85厘米，通体为青铜材质，外圈为一圆形，但内圈由一个小圆盘和五条青铜条组成，仿佛就是太阳放射的光芒，除此之外，小圆盘中央还有一个不大的孔。部分专家认为，这就是三星堆古人对太阳崇拜的图腾，因为在古老的农耕部落中，对太阳崇拜是一种必然的现象，因为它代表了生机，代表了温暖和光明。因此这个青铜太阳轮就是一个太阳的象征，是古蜀人太阳崇拜的写照，其五等分也表明古蜀人已有高超的数学思想。

据史书记载，三星堆文化鼎盛时期盛行求雨，人类气候干旱无雨时居多，这样的情况持续百年，白花花的太阳烤得大地龟裂，所以专家认为，太阳并不是人们崇拜的对象。从形态来看中心的太阳外面罩一层雾，表示

图 3-5　三星堆青铜太阳轮

“想把太阳圈住，框住，不要再发光发热”。因此这个青铜太阳轮，代表巨大的太阳炙烤着大地，中间突起的部分是太阳，外面的圆轮和五芒线是“遏制”太阳的力量，并不代表对太阳的崇拜，应该是恐惧和仇恨。

也有专家认为，青铜太阳轮是天文测量仪，古人把它悬挂在半空中，固定好角度用以测量太阳的某些特征，与日晷的原理和用途相似。专家通过青铜轮的表长和影长，研究出如何测量冬至日和夏至日的太阳高度角，测量误差仅有六十分之一度。

还有专家认为其是“青铜五芒轮”，用来插香祭“五帝”，中间圆盘是黄帝，五芒所指圆轮分别是其后代少昊、颛顼、帝喾、尧帝、舜帝；或是敬畏祭“五虐之刑”，中间圆盘是蚩尤，五芒所指圆轮分别是五虐之刑名；还可能是崇尚祭“五行”，中间圆盘是伏羲，五芒所指圆轮分别是木火金水土。

关于青铜太阳轮专家们还有多种猜想：风火轮、方向盘、法器轮、车轮、多格菜盘、漏斗、盾牌等。虽然我们尚不清楚古蜀人制造青铜太阳轮的初衷和作用，不明白所使用的工具和铸造的方法，但无论如何，他们将此青铜轮完美地五等分割，就足以令世界惊叹。由于青铜太阳轮身上仍存在着许多未解之谜，所以国家文物部门已经将其列入禁止出国展览名单。除了青铜太阳轮，三星堆还塑造了众多造型工艺复杂、灿烂辉煌的青铜器具、陶器、金器和玉饰，它们融合了大量文字图形和中华文化，传递着中华民族的价值取向和视觉文化艺术，令后人叹为观止。

图 3-6　三星堆祭坛　作者：胡晓

图 3-7　遥望太阳轮　作者：唐芬

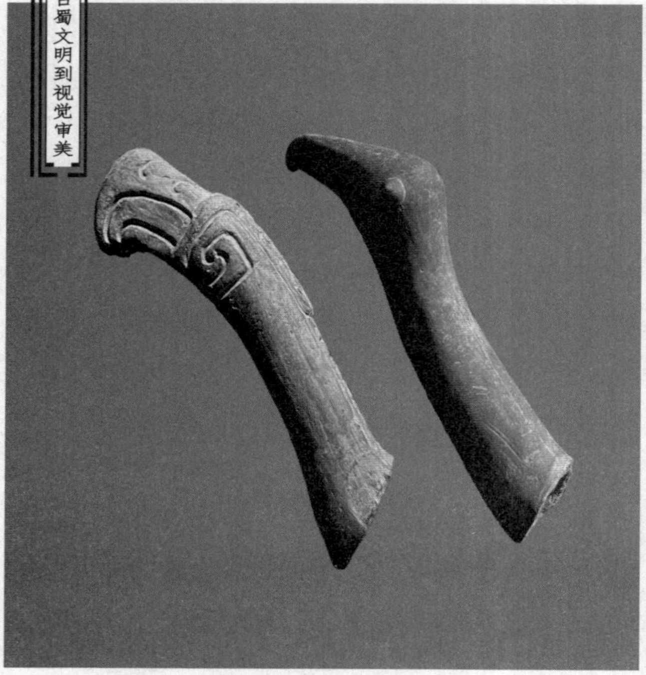

图 3-8　陶鸟头勺把 商代 公元前1600—前1200年 1982年三星堆出土

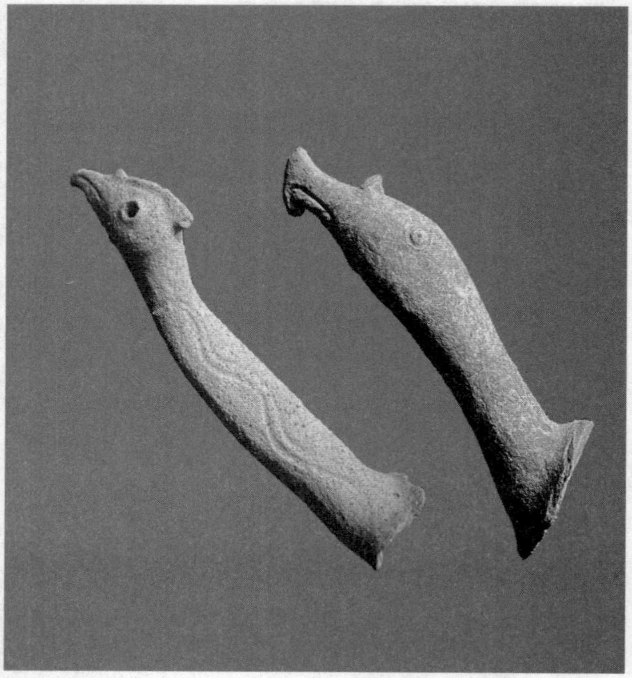

图 3-9　陶鸟头勺把 商代 公元前1600—前1200年 1986年三星堆出土

## 二、三星堆文物中的典型器具

三星堆古遗址，坐落在四川省广汉市西北部，鸭江南岸，面积12平方公里，已有3000—5000年历史，是我国现存最大的古城、古国和蜀文化遗迹。三星堆被誉为20世纪最伟大的考古学成果，是长江文明的源头。

1929年，一个当地的农民燕道诚在住宅旁挖水沟的时候，发现了一坑的精美玉器，由此三星堆为世人所知，也逐渐拉开了三星堆文化的序幕。1986年，考古专家和学者在三星堆发现了两个商代大型祭祀坑，里面有上千件造型奇特、精妙绝伦的稀世珍宝，大量的青铜人头像、面具、青铜礼器及玉石器相继被发掘，这次的发现轰动世界。

2020年，三星堆遗址再次启动发掘，9月新发现6个坑，内藏文物众多，据悉已出土的有黄金面具、金箔、青铜面具、青铜神树、玉琮等珍贵文物500余件。截至2022年，三星堆共计发掘6座坑，出土文物13000余件，祭祀区共计发掘面积1834平方米，基本确认了祭祀区大致呈西北向东南走向的长方形分布范围，与北侧紧邻的三星堆

图 3-10　陶狗头、陶羊头、陶虎头 商代 公元前1600—前1200年　1986年三星堆出土

城墙平行，面积将近13000平方米。目前K3、K4、K5、K6坑已经结束野外发掘，其中K3、K4坑进入整理阶段，K5、K6坑正在开展实验室考古清理，K7、K8坑正在进行埋藏文物提取工作。K3坑出土1293件：铜器764件、金器104件、玉器207件、石器88件、陶器11件、象牙104件、其他15件；K4坑出土79件：铜器21件、玉器9件、陶器2件、象牙47件；K5坑提取23件：铜器2件、金器19件、玉器2件；K6坑只出土2件玉器；K7坑出土706件：铜器383件、金器52件、玉器140件、石器1件、象牙62件、其他68件；K8出土1052件：铜器68件、金器368件、玉器205件、石器34件、象牙377件。

（一）三星堆陶器

陶器是日常生活用具，现代生活中常见的锅碗瓢盆在人类文明创建初期大都采用陶器，它能表现当时的一个生活场景，最能代表远古人类的生活状态，在文化和人类学研究价值上，它的重要性不亚于精美的玉器和青铜器。

三星堆时期的先民他们用什么吃饭？他们有喝汤的习惯吗？20世纪80年代出土的陶质鸟头形状物品可能就是他

图 3-11　陶狗头、陶猫头、陶猪头 商代 公元前1600—前1200年　1986年三星堆出土

们的汤勺手柄。据博物馆工作人员介绍，由于勺体太薄，只有勺把部分保留了下来。这些“陶鸟头勺把”长度基本为10~30厘米，直径2~3厘米不等。三星堆遗址出土的鸟头形勺柄成千上万件，其鸟头形状酷似鱼凫，这与古代蜀国的鱼凫王朝有一定关系。不同种类的鸟头勺子，可以分为猛禽、鸣禽和涉禽，有些鸟头的喙像钩子一样，又粗又硬，可以说是一种凶猛的鸟类；有的寥寥几笔刻画得栩栩如生，堪称陶器艺术精品。有学者认为，这么多三星堆鸟头勺把应该不是生活用品，而是古蜀人在祭祀礼仪活动中使用的一种祭祀用品。

对动物神明的崇拜从古至今，动物是人与自然之间的重要媒介。统治者出于巩固自身权威、与平民阶层相区分的需要，往往选择雕刻一些自然界找不到的怪兽，面目狰狞恐怖。在一件件礼器被制造出来之后，这些怪兽的形象也逐渐被统一，形成了早期的神兽信仰。

古人的崇拜对象分为动物神明和自然神明两种。除了陶瓷鸟头物品，三星堆遗址还出土了多件不同形态的陶兽头，包括狗、羊、猪、猫等人们生活中

图 3-12 陶蟾蜍 商代 公元前1600—前1200年 1986年三星堆出土

常见的动物，反映出古蜀先民对动物的崇拜，同时这一时期这些动物是否已经被先民们驯化，这引起了人们的思考。大型家养动物与人类文明的发展有着极其重要的关系，由于家畜是人类的食物、劳力、交通工具和服装等社会生活的关键资源。在人类发展的过程中，适当的驯化动物是不可阻挡的，狗是人类最早的驯养动物，它对人们的生活产生了巨大的影响。研究者们发现，同一个地方的猪与野猪具有许多相同的遗传特性。这表明，几千年来，这里的人没有从其他地方引入驯养的猪，而是自己驯养了猪。除了猪，绵羊不但是可以为人们提供各种产品的牲畜，而且是一种食草动物，它不会与传统的猪、狗等牲畜发生竞争。因此，羊群的出现，标志着人类利用草食动物作为新的生存来源，显示了畜牧业进入新的发展阶段。猫的起源和大多数哺乳类动物一样，都是由2亿多年前的古代两栖类爬行生物—哺乳类（中生代的末期）—哺乳纲类（始新世时期）—猫科动物（上新世时期）慢慢进化而来。由于地质环境的变迁，许多动物不得不为了生存而被迫进化。有一种说法是，在经历了漫长的进化过程后，上新世时期的“剑齿虎”就蜕变成了现在家猫的祖先。还有一种说法是猫和狗是同宗同祖，它们的祖先是一种叫作“古猫兽”的哺乳生物。蛙在远古时代是一大类水生物的统称，分布特别广泛且受到先民的普遍崇奉。从三星堆出土的陶蟾蜍来看，古蜀先民从远古时期就有了蟾蜍和蛙崇拜习俗。

1.陶俑

广汉市西偏北约10公里处的一条由东北向南弯曲延伸的土埂，形似月牙，当地称其为月亮湾。在月亮湾出土的陶人十分罕见，是三星堆目前发现的唯一一件陶制人物雕像。陶人高鼻梁、大眼睛，穿着短裙，嘴角带笑，肢体部分残缺。同一时期出土的陶人出土物件十分少见，在西安市灞桥区老牛坡遗址有一件商代陶塑人像出土，高6.5厘米，宽4厘米，出土时仅存头部，鼻子凸出，双眼不对称，右眼塑出了眼珠眼皮，左眼则是用较粗的阴线刻画出眼眶，眼眶上部刻进去一圆点作为眼珠。此陶俑有较宽的嘴唇，又用较粗的阴线刻画出一倒梯形的轮廓，颈部还刻画有类似于青铜器上的饕餮纹。

公元前4000年至公元前3000年，内蒙古西辽河流域出土一陶人，这件陶俑是红山文化最大的一具全身陶俑，它是中国同时代史前考古学资料中少有的一件。专家们认为，中华文化形成于5300年前。陶人所具备的社会职能，是当时社会治理的一种规范和高效的表现，反映了当时的生产力发展程度。早在新石器时代，先民使用陶土模塑人形。1928—1937年间河南安阳小屯遗址出土一批陶人，这批陶人以手制捏塑而成，五官则以刻画方式表现，风格朴拙，陶人身着长袍，双手有被梏具束缚的迹象，有双手被反捆于身后者，也有双手被桎梏于身前者。这些陶俑在商文化遗址中实不多见，而且陶俑制作而呈现刑徒受苦之像，更是非比寻常。除了单纯的艺术与文化价值之外，安阳小屯商代陶人，带给我们的是更多待解开的谜团。

远古的先民常用陶制的塑像作为陪葬物品，早在新石器时代，就已经有了用黏土捏成的人体、动物等与陶器同烧的过程。商周陶俑造型古朴、粗犷，尚处在雕刻艺术的初期。春秋战国时期的陶俑造型简单、形象鲜明。到了战国末期，殉人制度逐渐没落，而用陶俑代替了随葬者。秦汉陶俑制作精细，形体硕大，风格写实，多是描绘大型战阵的场景，而在普通的墓葬中，往往还会发现陶马，奴仆、舞者、杂技人等陶人。这一时期出土了大量陶俑，如秦始皇陵的兵马俑、山东乐舞杂技陶俑、四川说唱陶俑、河南技乐俑等。陶俑的种类、数量、材质、水平等都有了新的发展。隋唐时

图 3-13 陶人 商代 公元前1600—前1200年 1999年月亮湾出土

期，俑的艺术发展到了一个新的高度，文官、仕女、牵驼、牵马、骑俑、胡俑等都是中国陶俑中最常见的一类，其中色彩绚丽的三彩俑是最具代表性的。五代以后，兵马俑的风气发生了很大的变化，使守墓人的神怪形象得到了充分的重视。宋代以后，随着殡葬习俗的改变，特别是火化纸钱的流行，陶俑的使用率急剧下降，到了清代，几乎消失。

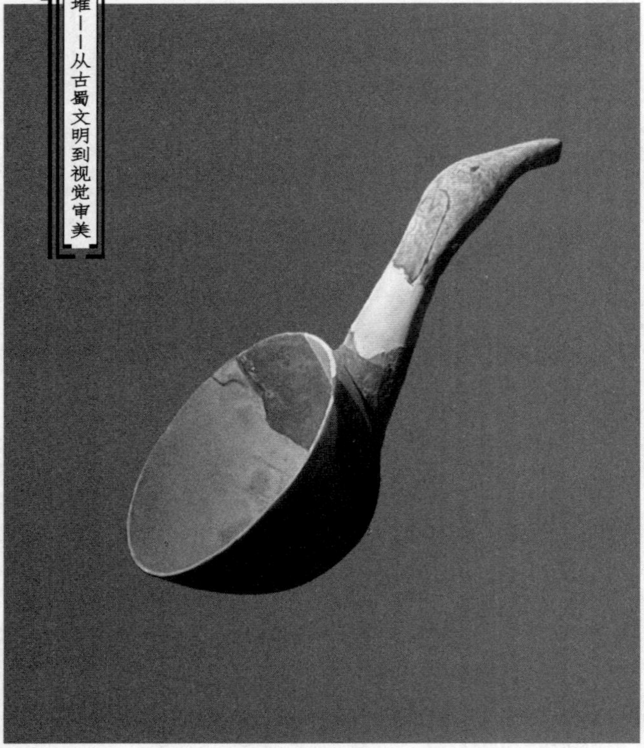

图 3-14　陶鸟头把勺　夏代 公元前2000—前1600年
1980年三星堆出土

图 3-15　陶镂空圈足器　新石器时代　公元前2800—前2000年
1986年三星堆第三发掘区出土

陶俑是人类社会发展的一种表现形式，它反映了当时社会各阶层的生活习俗、思想观念和经济活动，同时也是反映陶器艺术发展的一个重要材料。通过对陶俑语言的分析和研究，可以帮助我们更好地了解各时期的文化交融和发展情况，从而更好地解释这种艺术的起源。从陶俑的造型语言来研究社会、民族、宗教、民俗等人文因素在历史发展过程中对文化的影响，具有较强的现实指导意义。

陶器历史悠久，从新石器时代开始就在人类的日常生活中扮演着重要角色，时至今日，也依然被人们广泛使用。它不仅属于中国，更是世界各个地区文明发展过程中的重要评价指标。

距今约5000年前，三星堆陶器制作水平就进入了相当发达的阶段，遗址出土的数量最多、种类最丰富的器物就是陶器，这些陶器从功能上可分为生产工具、生活用具两大类。其中生活用具以陶器为主，少量的为泥质陶土，以夹砂褐陶为主，约占陶器总量的二分之一；生产工具包括陶纺轮、网坠等，数量不多。这一时期的陶器以素面为主，陶器主要是素色，也有一些简单的纹饰，其施纹方法有滚压、雕刻、镂空、堆塑等，古蜀人采用绳子按压后的绳子印纹饰居多，有些是指甲戳出来的指甲纹，还有的则是手捏泥条粘贴到陶器上

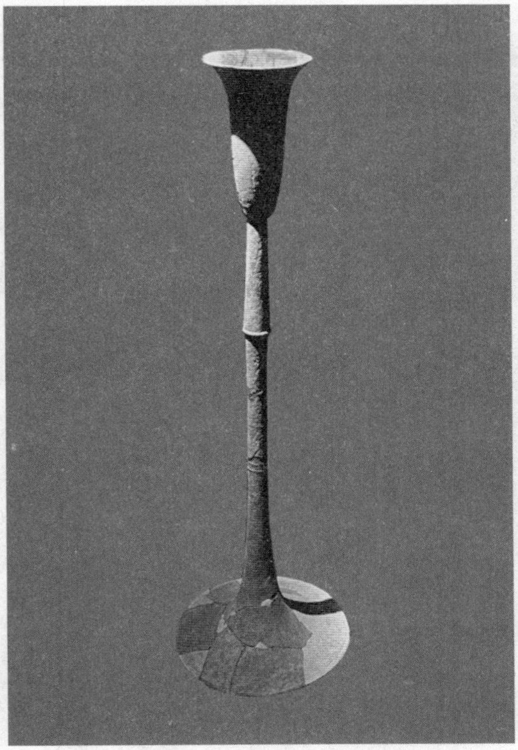

图 3-16　陶高柄豆 商代晚期 公元前1200—前1000年 2000年月亮湾出土

图3-17　陶折沿尊 新石器时代晚期　公元前2800—前2000年 2015年出土

形成，大多数纹饰都施于器物的特定部位。

三星堆遗址出土的陶器有数十个品种，其中鸟头把勺、尖底罐、高柄豆、三足形炊具、长颈壶等最具地方特色。三星堆古蜀人使用的陶器生活用具非常具有现代审美的艺术特征，比如三足形炊具、鸟头把勺、高柄豆等，让我们怀疑这是距今数千年前的人设计的吗？除了设计之美，在功能上，为了防止在烧制过程中开裂，古蜀人还在陶泥中加入云母、贝壳碎末以及石英砂等制成夹砂陶器，耐火性比较好。

陶是古人非常伟大的发明，三星堆出土的陶器造型精美、器型复杂，并有着浓郁的地方特色，有很多器型在国内都是首次发现。在三星堆博物馆古陶展厅里摆满了种类繁多的缸、瓮、盆、罐、坛、碗、盘、杯、勺，还有尖底的陶锅、坩埚、三足火锅等陶器，它们大小不等，样式各异，许多器物上面还刻有各类花纹，显示出精良的制作工艺。还有一些造型独特的陶器，如高柄豆、陶罐、陶制的鹰头、陶虎、陶猪、陶狗、陶羊、陶猴、陶鸟、陶蟾蜍、陶猫头鹰等，这些陶器的设计匠心独运，在一定程度上，它超越了中原龙山地区的陶瓷艺术表现。

图 3-18 陶盉 夏代 公元前2000—前1600年 1980年三星堆出土

2.陶盉

在三星堆遗址出土的大量陶器中，陶盉是出土数量较多的一种陶器。陶盉的器口部通常有一个半圆形的口部，一边有一个管状的口部，称为流，器身微束，两侧各有一条宽边（如图3-18所示）。它的造型独特，一般高三四十厘米，由三个中空的袋状构成陶盉的足，袋状足与器身相通，足内中空可加大容量，三个足的结构使其非常稳定，可以架在火上加温，是一种盛水或温酒器，相当于今天的水杯或酒壶。在三星堆遗址中发现了大量的陶盉，这表明当时农业十分发达，有大量剩粮可供酿造。

盉，作为水器或盛酒器出现较早，在二里头文化遗址中就出土有陶盉，商周出土最多，流行于商代至战国，商周的陶盉精品也最多，秦汉以后质量逐渐下降。盉的基本造型为圆腹，带盖，前有流，后有鋬，下设三足或四足。商周时期，盉口较大，腹部较深，多作分档式袋足或柱形足，盉足则多做成空心。

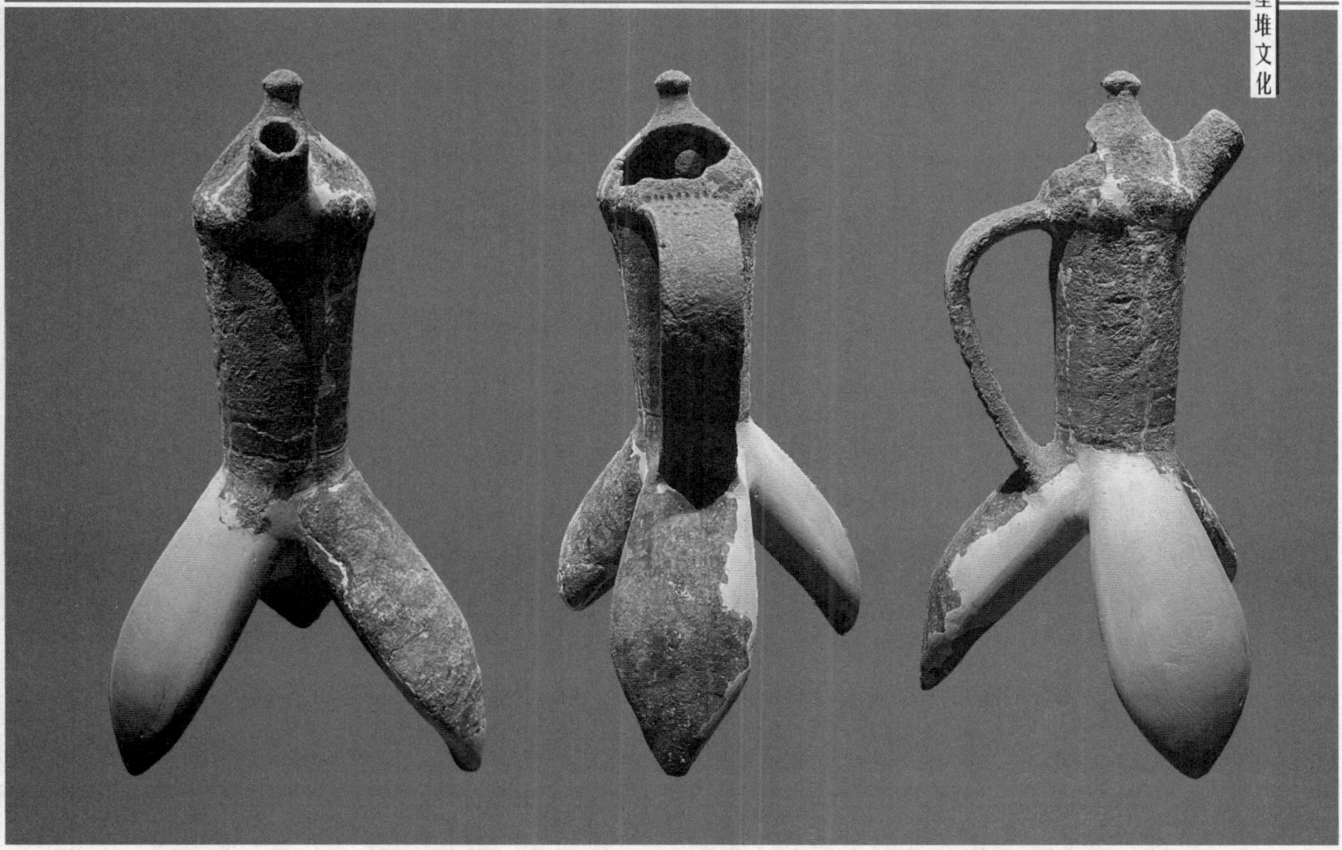

图 3-19　陶盉 商代晚期 公元前1200—前1000年　1980年三星堆第三发掘区出土

陶盉使用历史十分久远，新石器时代的大汶口文化、马家浜文化、良渚文化、龙山文化、二里头文化均有陶盉。商代至战国时流行青铜盉，到了西汉时期还有使用，但是数量逐渐减少，部分已不见足。春秋战国时出现提梁盉（又称为鐎盉），淮河一带还有鬲形盉（又称献形盉），盉口变小，腹部扁圆，流口往往做成弯曲的鸟头或兽头状，蹄形足也较为常见，有的蹄形足做成动物形象。不同时期的盉很多都加上弯曲的提梁，并用环索联结盉盖与提梁，造型轻盈秀巧。

东汉许慎《说文解字》：“盉，调味也。从皿，禾声。”即是用于调和酒味浓淡的器物，为酒器；王国维《说盉》：“然则盉之为用，在受尊中之酒与玄酒而和之而注之于爵。”西周中期的盉又称之为鎣。始见于二里头文化（夏代），盛行于商晚至周初，考古资料表明盉与盘配合使用，应为盛水器，起到灌沐的作用。盉与酒器组合，则用

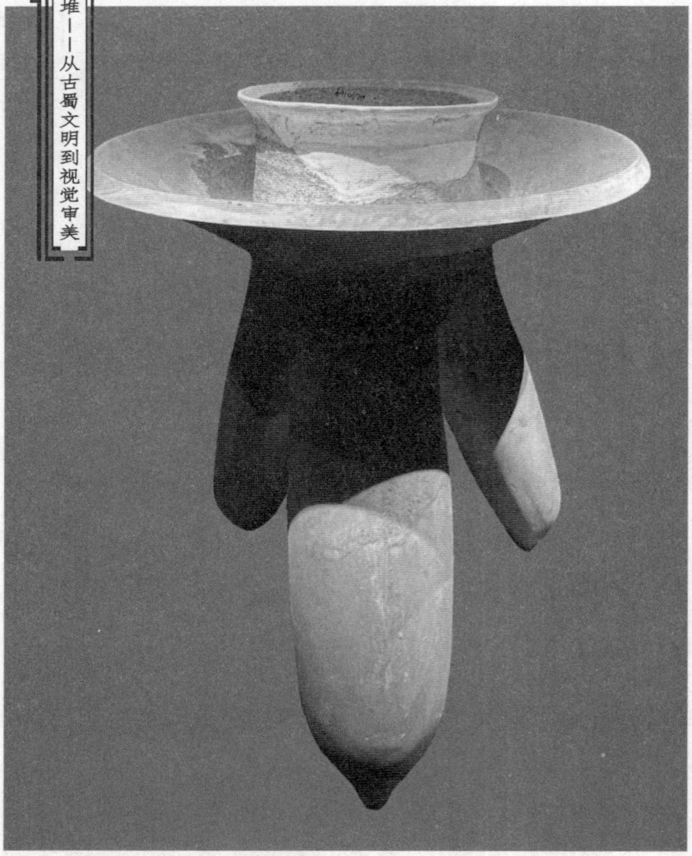

图 3-20 陶三足炊器 商代 公元前1600—前1200年
1986年三星堆第三发掘区出土

图 3-21 陶小平底罐 夏代 公元前2000—前1600年
1986年三星堆第三发掘区出土

水以调和酒。

盉的造型独特，构思奇妙，极具艺术魅力与文化韵味，充分体现了古蜀先民勤劳智慧的特点，不仅代表着当时中国制陶技艺的高超水平，更代表着陶文化的深厚悠久，为古蜀文明奠定了坚实的基础。

与陶盉形状相似的陶三足炊器的三足成鼎立之势，宽大的盘面类似今天四川地区泡菜坛的坛沿，可盛水或置物，推测应该来自中原地区。柱状足中空，与口部相通，容水量很大。之所以称为炊器，是因为考古人员在三足的下端发现了烟熏的痕迹，而且三足呈鼎立之势，足下可以生火加温非常科学。它的外形和巨大的体型非常少见，人们普遍认为它是古代蜀人用来烹饪食物的炊具，三足炊器上部类似涮锅的造型，极具本土文化特征，有人推测它是四川火锅的发源。

图 3-22 陶尖底盏 商代晚期 公元前1200—前1000年 1984年西泉坎出土

图 3-23 陶高领罐 商代晚期 公元前1200—前1000年 1986年三星堆第三发掘区出土

## （二）三星堆陶器制作方法

陶器制作一般要经过陶土加工、制坯成型、修饰施纹、烧制成器等工序。三星堆陶器泥胎的制作主要采用轮制和手制方法。轮制是将泥料放在转动的轮盘上，利用轮盘的旋转，用双手将泥料拉成陶器坯体，用这种方法制成的陶器器物表面常常留有一圈圈平行的轮纹，器底则有线割的偏心纹。手制可以采用泥条板制作，是陶艺中最方便、造型最具表现力的一种。手制可以采用泥板成型法，将陶土碾压、拍打或切割成板状，来塑造器物的外形；也可以徒手捏制，徒手捏制是最能够直接表达作者的手法和设计构想的。

1.陶土加工

陶土是陶器原料，矿物成分复杂，主要由高岭石、白云母、蒙脱石、石英和长石组成，颗粒大小不一致，常含砂粒、粉砂和黏土等，具有吸水性

图 3-24 陶深腹罐 夏代 公元前2000—前1600年
1980年三星堆出土

图 3-25 陶侈口翁 商代晚期 公元前1200—前1000年
1986年三星堆第三发掘区出土

和吸附性，加水后有可塑性。黏土作为原材料颜色不纯，往往带有黄、灰等色，因而仅用于陶器制造。在生产黏土时，只需将所选的黏土进行适当的筛选即可。如果要做硬度更高的陶瓷，必须用水反复冲洗，完成“淘土”的过程，就需要将泥土倒入水里，用搅拌的方式将泥土和水混合在一起，沉淀以后取水底的泥浆来制作，这样就可以将泥土中的杂质剔除，变成一种非常干净的细泥。新石器时代古文化遗址中的细泥陶器，就是用这种经过淘洗的陶土制成的。

古人根据陶器的使用情况，在陶土中添加适量的砂粒、蚌壳粉、陶片、草屑等，主要是降低黏土黏稠度，在制坯过程中不会黏着手指，更容易成形，同时可以防止干裂，在阴干时，不至于因为不均匀收缩而导致破裂或变形。另外，添加陶片、草屑等物品后能够使陶质疏松，用火烧制时，水分比较容易溢出陶器不致绽裂；同时

图 3-26 陶罐 商代晚期 公元前1200—前1000年
1986年三星堆出土

图 3-27 陶尊型器 商代 公元前1600—前1200年
1986年三星堆第三发掘区出土

可以增加陶土熔点，使其在烧制的时候不会因为火力过高而导致部分融化。

2.制坯成型

经过选择、加工的陶土，加入水反复揉捏和成软硬适中的陶泥后，就可以用来制作陶坯。在我国新石器时代陶坯成型的方法主要采取手制法，是最早的陶器制坯的方法，使用时间也比较长，具体包含以下五种手法：

（1）捏塑法：直接用手捏制成型，一般小型陶器或小型的人物、动物塑像等大多使用这种制作方法。一些新石器时代遗址中出土的小罐和小杯等，表面常常有凹凸不平的手指印痕，就是用手捏塑成型时捏压上去的。

（2）泥片贴筑法：其具体做法可分为大泥片贴合法和小泥片贴合法两种。大泥片贴合法是利用大小土块和比较厚的土块贴砌而成，这些土块之间的重叠部位非常狭窄。陶罐、圆底罐等都是采用大泥片进行铸造；小泥

图 3-28　陶缸 夏代 公元前2000—前1600年　1999年月亮湾出土

片贴合法是用大量小而薄的黏土贴合而成的，泥片间重叠的面积很大，从表面和剖面上可以看出多个斜面重叠的现象，一般是用来制造精美的瓷器。在考古学上对泥片贴筑法的记载很少，在《中国古代制陶工艺研究》一书中，关于“泥片贴合法”的观点是：“贴泥”是将泥块揉成一团，压成一块，再用手捏、拍打、碾压等方式，把它们粘在一起，形成一种“泥块”。

（3）泥条盘筑：泥条盘筑是一种较早的制陶工艺，在制作过程中，先将泥料揉成细条，然后按照器形的要求，由下往上卷塑成形，最后用手工或简易的工具将内外表面打磨平整。采用此工艺制作的陶瓷器皿，其内部常有盘状的泥条。泥条按照想象中的形状，根据器物的外轮廓，一圈圈地围造成型。这种方法可以最大限度地体现出材质的特性和工艺的制造特点，在作品的随意性表达上具有质

图 3-29　陶缸、陶簋 商代 公元前1200—前1000年　1984-1986年三星堆出土

图 3-30　陶直口鼓腹罐 商代 公元前1600—前1200年 1990年月亮湾出土

朴、粗放、自然的特点。

（4）模制法：用专门烧制的陶模具或已烧制好的陶器作模具，在外表敷泥成型。将泥料填入模子，制成陶坯，待半干时取出。此法在新石器时代就被应用，在燕国文化中，发现一种红色陶瓮，也是运用模制的。

（5）轮制法：将泥料放在转动的轮盘上，利用轮盘的旋转，用双手将泥料拉成陶器坯体。用这种方法制成的陶器，器物表面常常留有一圈圈平行的轮纹，器底则有线割的偏心纹。在新石器时代晚期，我国很多地区制陶已采用此法。轮制法的发明，是制陶工艺的一大进步。如龙山文化出土的匀而薄黑陶，多是轮制的产物。

3.修饰施纹

在采取手制、模制或轮制手法把陶坯制作完成后，还需要进行表面修整或装饰描绘各种纹样，以达到美观、耐用等目的。大体来说，修饰施纹主要有以下几种手法：磨光、涂

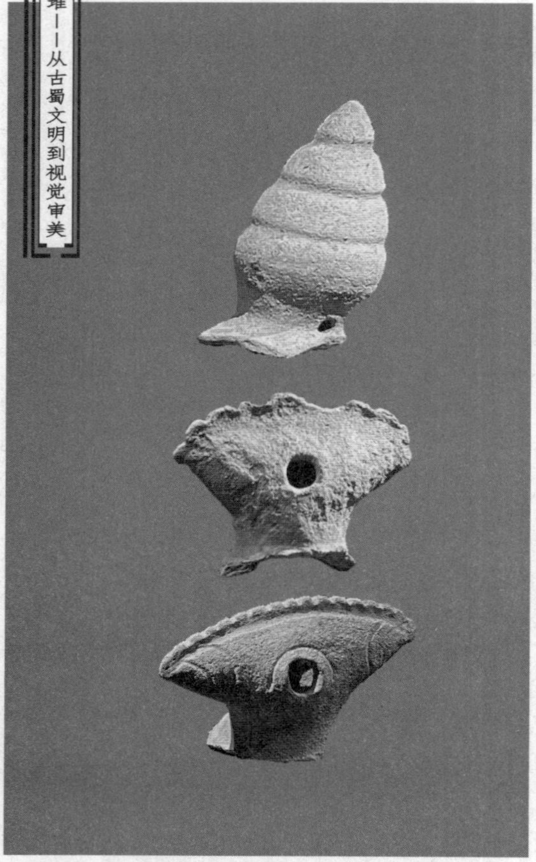

图 3-31　陶盖纽 商代 公元前1600—前1200年
1986年三星堆第三发掘区出土

图 3-32　陶丸 商代 公元前1600—前1200年
1986年三星堆出土

色、雕刻、彩绘等。

（1）表面磨光。当陶片还没有完全干透时，可以使用光滑的石头或骨制的工具，对其进行反复的研磨，目的在于进一步整形和弥合一些小的裂缝，还可以排出部分水分，使器壁更加坚固、致密且表面平滑。经过抛光处理的陶瓷，在高温烧制后其表面光洁，这种陶器被称为“磨光陶”。

（2）涂施色衣。为了提高陶瓷表面的光泽和美观，在陶瓷表面上涂上一层颜料。其制作方法是将极细的泥浆涂抹于陶瓷坯料的表面，经过烧制，制成不同色泽的陶瓷衣料，一般的陶瓷衣有红色、棕色和白色。

（3）施纹。就是在陶瓷坯体上涂上不同的花纹，使其具有美感。通常采用以下方式：①刻画：用锋利的硬器在器表刻出的图案，常用的刻画纹有弦纹、网纹和其他几何纹。②刺纹：用竹子、木头、骨头等材料制成坚硬且锋利的工具，或用指甲在器具

图 3-33 陶纺轮 商代 公元前1600—前1200年 1986年三星堆第三发掘区出土

表面划出图案，常用的刺纹有锥刺纹、篦点纹、指甲纹等。③镂孔：由小孔组成的图案，采用刻刀或其他尖锐的工具在器物表面镂刻，一般有圆形、方形、三角形等。④拍压：在陶坯半干时，把垫片放在器内壁上，再用带花纹的拍子敲击坯料的表面，这样可以进一步提高坯料的密度，并能在器表上留下不同的图案。或用绳索缠绕细长的木条，在器面上滚动，以形成绳纹，常用的拍打纹有绳纹、篮纹、方格纹、席纹等。⑤贴附：在器表上粘贴泥条或其他凸出的图案。通常在大的罐体表面上粘上多种样式的泥条，叫作“附加堆纹”，其作用是加强器壁防止开裂。⑥彩绘：用一组含有丰富的着色剂或几乎没有着色剂的自然矿物作颜料，在陶瓷坯体上画出各种不同的图案。

（4）烧制成器。烧制是陶瓷制作的最后一步，通常要等它晾干后再进行。再把陶片加热到600℃以上时，陶土包含的水分可以完全排出，使其不能再塑，从而达到烧结和硬化的目的。一般烧制火候高，陶土细腻，硬度较高。中国新石器时代陶器的烧制温度普遍在600~900℃，最高不超过1000℃。陶器在经过烧制之后，往往呈现出红色、灰色和黑色，也有少量的白色陶土。陶色的不同，与陶土成分、陶窑结构、烧制工艺有关。远古时代的烧陶技术，最原始的方法是平地式烧陶，就是采用柴草就地篝火烧陶。原始先民烧制陶器，主要依靠经验控制窑内温度，烧制期间，如果窑内温度低于标准，陶器就不能完全氧化，容易损毁。陶瓷烧制的发展历程呈现出从无窑烧陶到有窑烧陶的演进历史。随着社会生产力的发展，人的需要越来越多，原始人在生产力水平较低的情况下，为求生存，只能采用最原始也是最便捷的石器工具。在人类早期，陶器烧制技术尚处于化工制陶的初级阶段，这些陶器都是作为生活器皿来制作和使用的，造型上首先要以实用为主，不会像现代人那样考虑艺术表现，但是仍然能从那些质朴的造型，自由的线条和虚虚实实、似像非像的花纹里看到远古先民的浪漫和对美的最初感觉，从陶到瓷的演变，也是人的智力与能力的演变。

图 3-34　三星堆暮色　作者：唐芬

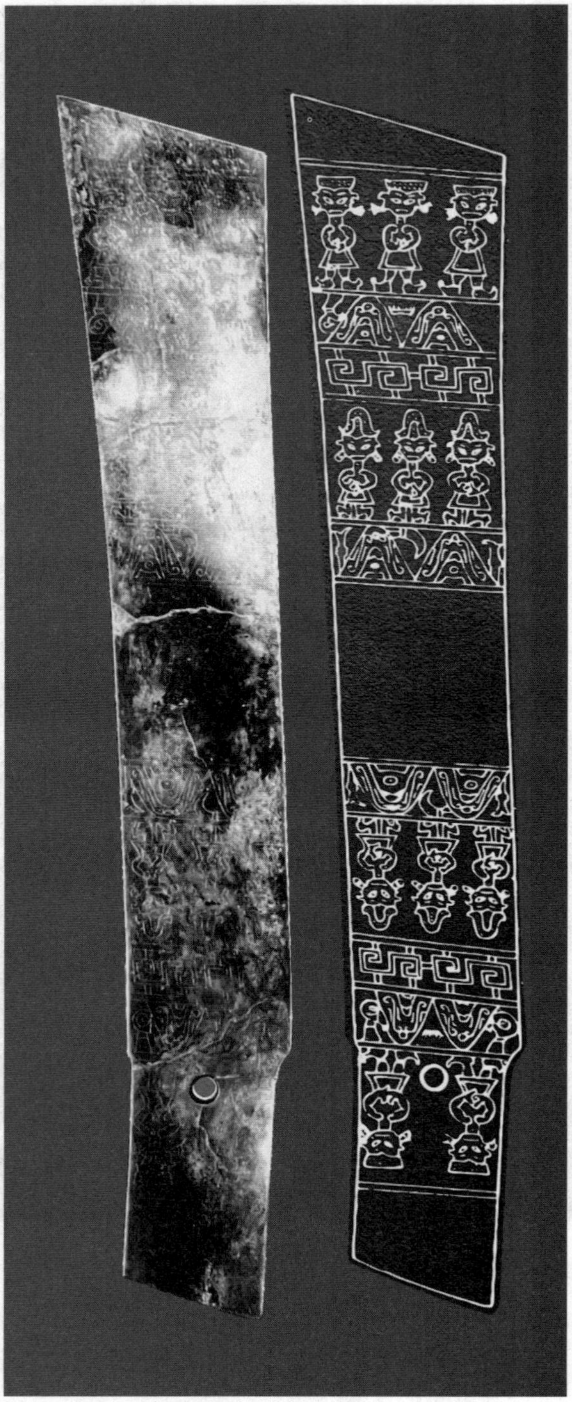

图 3-35　玉琮 商代 公元前1600—前1200年
1929年燕家院子出土

## （三）三星堆玉石器

华夏古称“玉石之邦”。玉器制作已有七千多年的历史。《说文解字》记载：“玉，石之美，有五德，润泽以温，仁之方也。”《荀子•劝学》亦曰：“玉在山而草木润。”中国四大名玉——新疆和田玉、陕西蓝田玉、南阳独山玉、辽宁岫玉誉满天下。

玉在华夏属于一种文化，是一种根深蒂固的文化。“玉”字在甲骨文中多有出现，《新华词典》中的“玉字旁”字共有500余个，由玉石构成的汉语短语更是数不胜数，凡是以汉字命名的宝珍，以及对人的美德、美好事物的褒扬，大多与“玉”字脱不了关系。

四川地处西南盆地，在新石器时代就出现了许多石制工具和玉器制品。《山海经•中山经》记载：“岷山，江水出焉……其上多金玉，其下多白珉。”《华阳国志•蜀志》则曰：“地称天府，原曰华阳……其宝，则有璧玉……”与中原名玉各领风骚，相辅相成。

三星堆出土的玉器，年代跨度较大，在新、旧石器时代和夏商周之间。玉器是珍玩的瑰宝，在三星堆博物馆与贵重的陶器、青铜器、金饰面具、国王金杖等分厅列展，争奇斗艳。博物馆的玉器陈列室，

图 3-36　玉戚形佩/琥珀坠饰　商代晚期
公元前1250—前1100年　1986年出土

图 3-37　玉管 玉珠 玉串 商代晚期
公元前1250—前1100年　1980年出土

图 3-38　玉璋　商代晚期 公元前1250—前1100年　1986年三星堆 一、二号祭祀坑出土

陈列着各式各样的器物，风格迥异，令人目眩神迷。

三星堆的玉器有串、管、珠、针、镯、环、锛、凿、斧、铲、剑、矛、戈、壶、碗、杯、璧、琮、圭、璋、琥、璜等上百种，有的是适合生产，有的是装饰品，有的象征身份，有的用作礼仪，有的作为武器。其中有璧、琮、圭、璋、琥、璜等六种玉，是专门用于宫廷礼仪和祭祀。

《周礼•春官•大宗伯》曰：“以玉作六器，以礼天地四方，以苍璧礼天，以黄琮礼地，以青圭礼东方，以赤璋礼南方，以白琥礼西方，以玄璜礼北方……”书中还有“六瑞”之说：“以玉作六瑞，以等邦国：王执镇圭，公执桓圭，侯执信圭，伯执躬圭，子执谷璧，男执蒲璧。”可见玉器作为宫廷礼仪信物，等级规定何其讲究。

三星堆究竟有多少件玉器？从1929年燕道诚父子在家附近挖沟时，意外挖出第一批玉器，到现在已经过去

图 3-39 玉璋 商代晚期 公元前1250—前1100年 1986年三星堆一、二号祭祀坑出土

九十多年，在将近百年的风雨中，三星堆历经多次挖掘，包括民间开采，到底挖出了多少玉器呢？关于这个问题，一直都没有一个统一的说法。

1929年被燕道诚父子挖出的第一批玉器有400余件，有璧、璋、琮等。据说这些玉器一部分转赠给朋友，一部分转卖给他人，有些甚至流失海外。新中国成立后燕家后人将剩余的玉器捐赠给了国家。自燕氏父子挖出首批400余件玉器之后，美国传教士葛维汉（时任华西大学博物馆馆长）曾经于1933—1934年间，对三星堆进行过短暂的挖掘，收获颇丰，但到底挖出多少玉器，没有报道。一直到新中国成立前，由于社会动荡不安，民间私自挖掘不断，被挖出的玉器应该不在少数。

1986年，国家对三星堆1、2号祭祀坑进行正式挖掘，出土了600余件玉器。据报道，直到3~8号坑挖掘之前，三星堆博物馆所藏玉器不到900件。2020年至2022年，国家考古队对

图 3-40　玉戈 商代晚期 公元前1250—前1100年　1986年三星堆一、二号祭祀坑出土

3~8号祭祀坑进行挖掘，每个坑都发现有玉器，包括玉璋、玉戈、玉凿、玉琮、玉器座、玉刀等，其中3号坑出土玉器达207件，8号坑出土280多件，7号坑玉器也不少，这样估算起来，3~8号坑出土玉器应该在500件上下。

据专家估算，民间收藏包括散落到全世界各地的三星堆玉器足有上万件，在英国、新加坡、加拿大等国的博物馆，都有三星堆玉器收藏。综合来看，自1929年首次发现玉器以来，三星堆出土玉器应该有数万件。

三星堆出土的玉器数量巨大，种类庞多，主要有工具类、兵器类、礼器类和装饰品等几种类型，其中又以用于祭祀的礼器类、礼仪化的工具和兵器类最具代表性。古人认为玉吸天地之灵气，集日月之精华，具有石之坚贞，水之晶莹，色彩斑斓，神秘莫测。正因为玉有灵气，所以成为巫师奉献给神灵的礼物，是巫师祭祀天地、沟通人神的法器，是古代宗教礼仪活动中不可或缺之物。

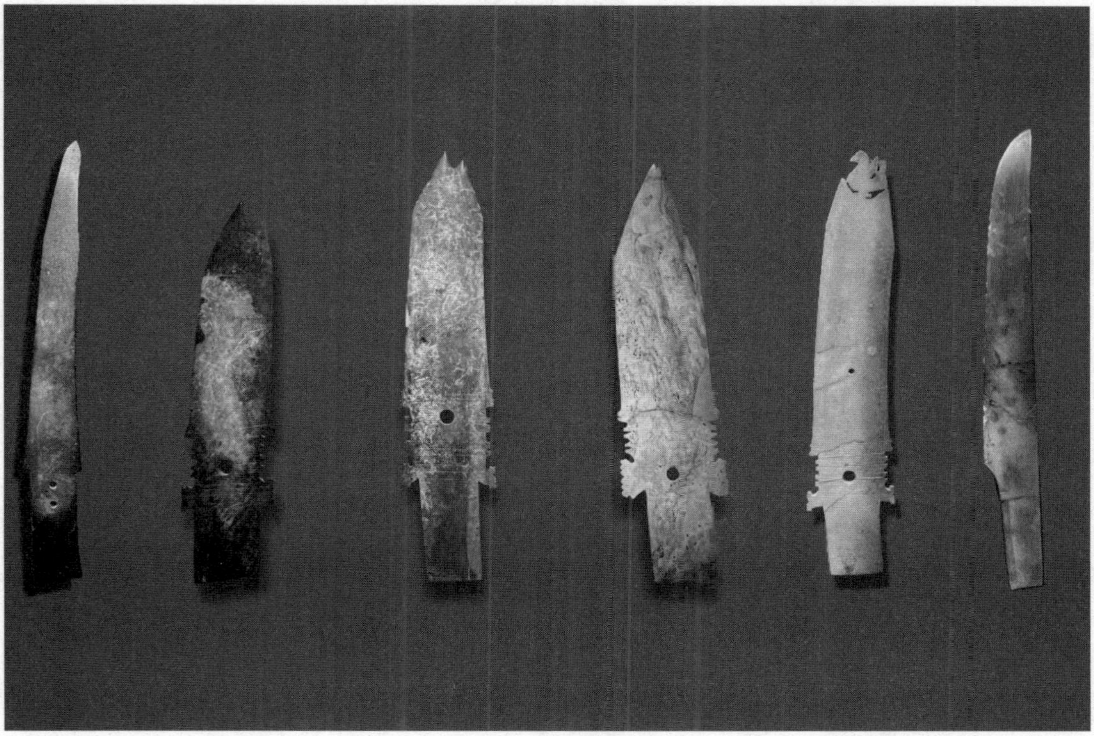

图 3-41 玉戈 商代晚期 公元前1250—前1100年 1986年三星堆一、二号祭祀坑出土

## （四）玉石器制作过程

四五千年前，在没有金属工具的条件下，古蜀先民们是如何打造出如此精美的玉器的呢？

从各种玉器的工艺和精致程度来看，当时应该有专业的治玉队伍，他们在没有金属工具和技术条件下，以柔性线锯、硬性片锯、石钻具、竹管、解玉砂、砺石、石英或燧石雕刻器等工具，采用按组合设计、成组加工的系列化生产方式，甚至还可能采取流水作业的方式进行加工制作。

清代画家李澄渊绘制的《玉作图说》详细地记录了玉石器制作的十三道主要工序，包括捣沙、研浆、开玉、扎砣、冲砣、磨砣、掏堂、上花、打钻、透花、打眼、木砣、皮砣。

捣沙和研浆：这一过程需要两人配合，一人拿杵将石沙敲得更加细碎，另外一人用筛子将石沙按照大小分类。所用的筛子下方有细洞，可以使细小的石沙漏下，石沙分好之后还需用水冲洗，去除里面的泥土和杂质。

开玉：玉匠使用条锯切割尚未雕琢的玉料，玉石在雕刻之前，表面常常裹有粗松的石头，首先要将大块的玉

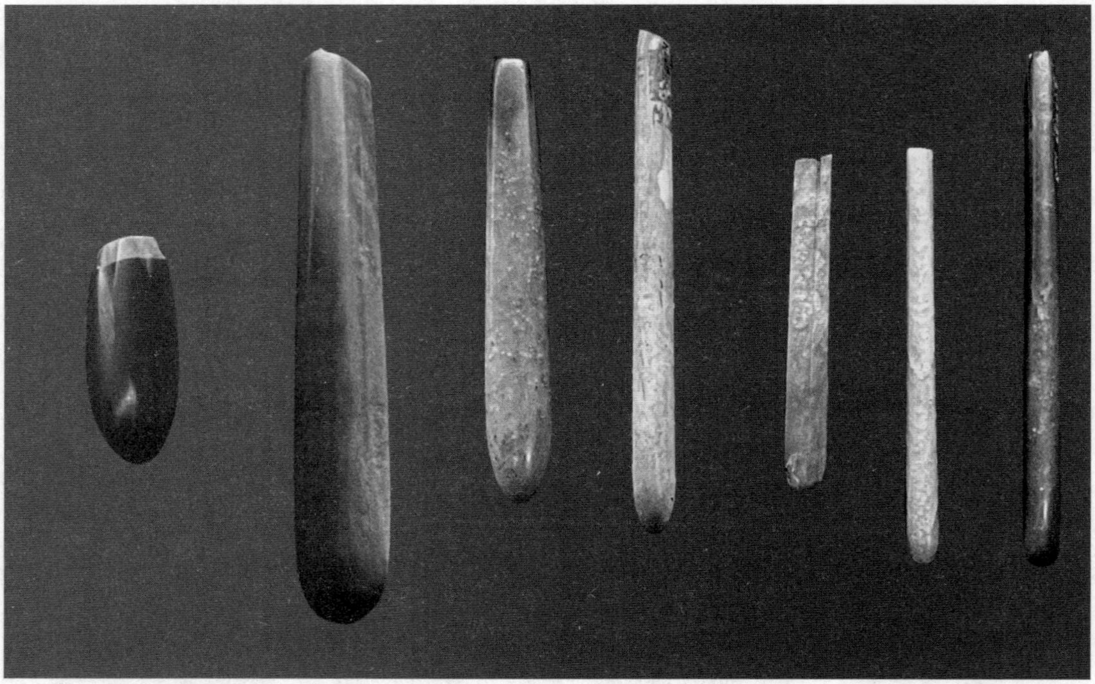

图 3-42　玉凿 商代晚期 公元前1250—前1100年 1986年三星堆一号祭祀坑出土

料切割成毛坯，这一步骤可以将玉料外表别的石头削掉，使其变得光滑。良渚时期的治玉工匠主要采用两种切割技术，一种是用片状砂岩进行片切割（如图3-43所示）；还有一种是用麻线、筋、弦等进行线切割（如图3-44所示）。因为玉比普通的石料坚硬得多，加工起来很困难，所以在切割时都会用到解玉砂。

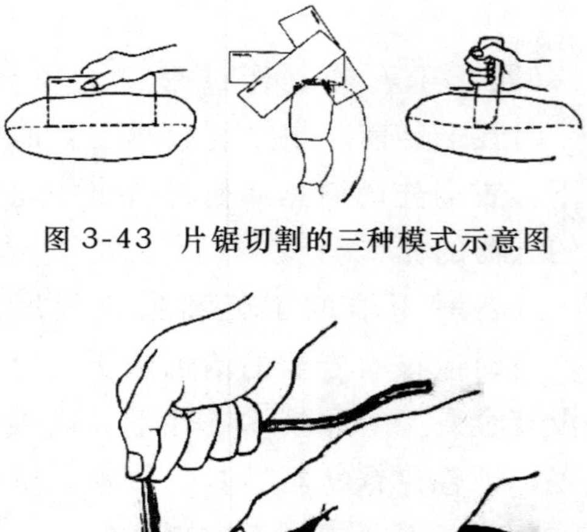

图 3-43　片锯切割的三种模式示意图

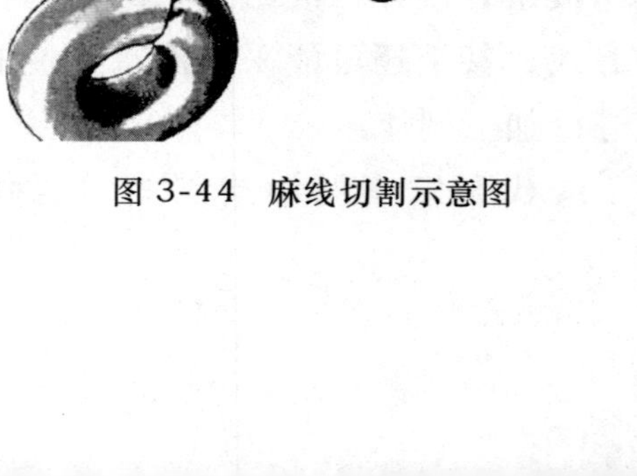

图 3-44　麻线切割示意图

扎砣、磨砣、冲砣：利用砣具大片裁去设计图样以外的多余玉料，使玉器样式初步成形。冲砣这一过程也需要坐在旋车上完成，需要应用“冲砣”工具，配着和了水的红沙，将玉

图 3-45　玉璋 商代晚期 公元前1250—前1100年
1986年三星堆 一、二号祭祀坑出土

图 3-46　虎牙 商代晚期 公元前1250—前1100年
1986年三星堆二号祭祀坑出土

料方正的边角“冲”圆润。这一过程是应用“磨砣”这种工具来细细打磨玉器的表面，使其变得细腻光滑，可以发出温润的光泽。

掏堂：即挖空容器的内部，这一步骤需由经验丰富的老师傅来做，若是力道不对，便容易使玉器破碎。

上花、打钻、透花、打眼：上花指在玉器表面雕琢花纹；打钻是指对一些需要雕琢镂空花纹的玉器钻圆洞；透花则是指镂空花纹，主要的工具为“锼弓子”，一般会采用石榴皮的汁来勾画要透雕的图案，以保证图案的清晰；打眼是指在玉器上磨出小孔。良渚文化时期已经出现拉线透花的玉器，到了清代，技法愈加成熟，达到巅峰。

木砣、皮砣：使用木砣对已经雕琢好的玉器细细打磨抛光，通常采用木片、竹片或是兽皮摩擦玉器，使玉器表面细腻滋润、平滑光亮。皮砣是用牛皮所制，这一步骤主要是对玉器进行最后的抛光上亮，使其呈现出原本的玉色。

对玉石器的凿孔一般采用管钻，纹饰则采用磨或用工具雕刻。所以，古代的雕刻师有锯子、凿子、水凳、刻刀、弓箭等制玉工具，还有打磨抛光的工具：

图 3-47　玉锛 商代晚期 公元前1250—前1100年
1986年三星堆一号祭祀坑出土

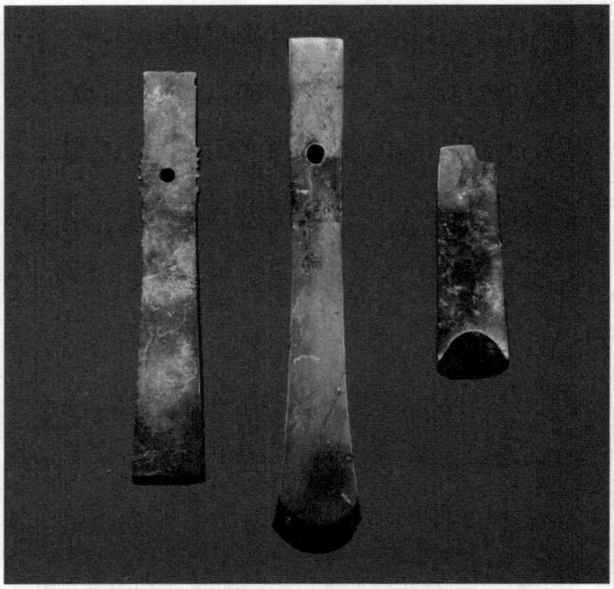

图 3-48　玉斤 商代晚期 公元前1250—前1100年
1986年三星堆一号祭祀坑出土

（1）钻，是玉雕的重要工具之一，用于钻孔（如图3-49所示）。

（2）砣，用来打磨玉器的轮子。

（3）刻玉刀，最早是用燧石、石英制成，后来用铜或钢铁。

（4）镂弓子，一种雕刻器，类似于二胡的弓箭，琴弦是用金属线制作的。这是从殷商开始出现的一种工具，

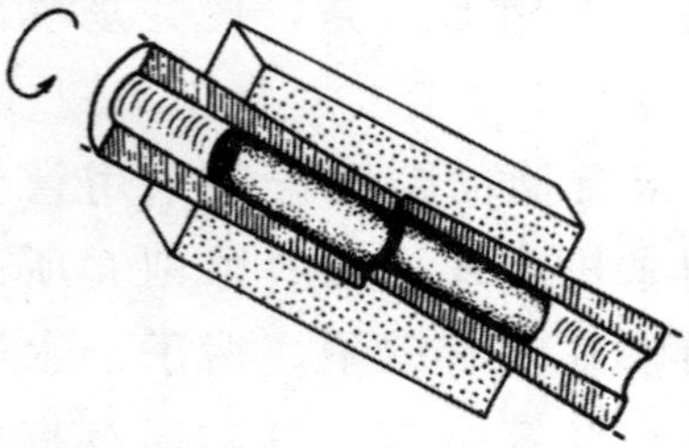

图 3-49　玉石器钻孔示意图

三星堆玉器在材料、造型、器形等方面都表现出明显的区域特点和时代特征，很多器物在形制和装饰上都受中原和西北地区玉器及玉文化的影响，有些玉器仍具有长江中下游早期文化元素。在制作工艺上，与当时其他民族的玉器制作技术相比较，反映了与其他地区文化的密切联系和交流。学界对三星堆众多的玉器进行了深入的研究，并提出三星堆是古代蜀国与外界交流的结果，也是人们从外界获得物质财富和精神财富的主要途径。虽然现有的考古材料尚不能证实三星堆玉器是“本地”或“外地”所产，但这并不妨碍对它的文化属性的确认。

图 3-50　玉斧 商代晚期 公元前1250—前1100年
1986年三星堆一号祭祀坑出土

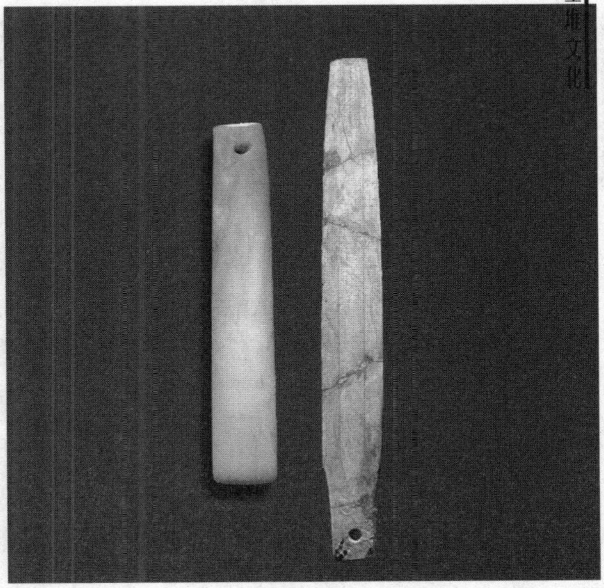

图 3-51　玉圭、玉剑 商代 公元前1250—前1100年
三星堆遗址出土

三星堆玉器所选用的玉料主要产自本地，玉料多为白色和青色，经过泥土长时间侵蚀后，呈现灰白色花斑。这些玉器软玉和硬玉兼有，既有十分普通的墨玉，也有非常珍稀的琥珀、玛瑙、碧玉等岩矿。玉器大部分都采用单阴线形式，而一少部分玉器采用镂雕和剔地阳纹法琢制，总体制作古朴而大方，颇有神韵。出土玉器的纹饰主要有直线弦纹、方格纹、斜线纹、交叉纹、山形纹、云雷纹、圆圈纹、人纹、鸟纹等，这些纹饰古老而且神秘，带给世人无尽的想象空间。

从玉石上的切割痕迹和抛光打磨的情况综合分析，三星堆古人已经娴熟地掌握了玉器的挖、锯、凿、琢、磨、雕刻、抛光、打眼、钻孔等一系列复杂工艺，制作风格十分独特，质朴而纯真，多体现玉器的自然之美，有浑然天成的感觉，具有强烈的艺术感染力，如一些较小的玉管、王珠上都有打孔的痕迹可以穿绳佩戴。当时的先民使用了硬度较高的工具才可以做到，这也充分显示出三星堆古人的无穷智慧和玉器工艺的逐步发展情况。

从三星堆古遗址出土的玉器中不难看出一个现象，即三星堆的玉器绝大多数为玉礼器，这些玉礼器的出现，其实是三星堆先民和上天沟通的一种工具。古朴的玉器注入了巫术的理念，使之成为一种神玉，一种力量之玉。这些玉礼器既是一种世俗化的品类，也是一种宗教化的产物。尤其是三星堆古遗址中出土的玉璋，造型纹饰含义深远，因为古蜀时期巫风盛行，祭祀活动十分盛大，玉璋作为祭祀最为重要的工具，可以让上天感受到诚意，从而获得更好的庇佑。玉璋类似于玉圭，是一种扁平的方体状，一头是斜的（也有刀刃），一头有一个小孔。东汉许慎在《说文解字》中说："半圭为璋。"也就是说，玉璋是玉圭从上端尖锋处垂直切下之一半者物，这种形式与出土遗物及古籍和古碑刻纹图中所称为"璋"者也是符合的。《周礼•考工记》有"大璋亦如之，诸侯以聘女"的记载。《周礼•考工记》又载："大璋，中璋九寸，边璋七寸，射四寸，天子以巡守。"说明玉璋是天子巡狩时候祭祀山川的器物。

图 3-52　三星堆洞中天地　作者：陈涵培

图 3-53 三星堆暮色 作者：唐芬

# 第四章　奇特三星堆

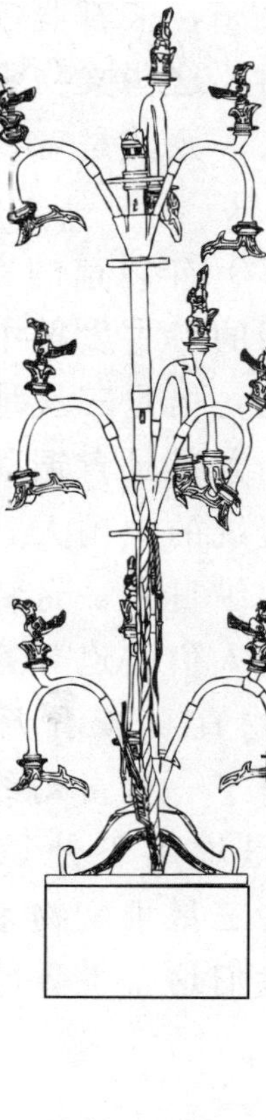

## 奇特三星堆

中国古代留存下来的遗址甚多，其中三星堆遗址是最为神秘的一个，经过近来几十年的考古挖掘，出土了大量的珍贵文物，包含青铜器、陶器、丝绸、象牙、玉石器等，很多都是世界级文物，这些文物强烈地吸引着世人的目光，尤其是奇特的青铜器物更是匪夷所思。

在距今3700年以前的青铜时代，中国境内同期的考古发掘中有着非常多的青铜文化，但是三星堆的青铜艺术独具一格，尤其是青铜面具奇特的造型，不像传统的中国人，甚至出现了违反常态的纵目人。奇特的造型艺术风格吸引着人们去追寻答案，然而单凭出土文物直观查看无法得到解答，因此就有了一些奇幻的假想。第一，认为三星堆属于外星文明；第二，认为这些三星堆文物来源于平行世界，不是我们这个世界的产物；第三，认为这些文物不属于中华文明的一部分。

随着三星堆第二期文物的出土，以上三个假想都被否定了。三星堆文化虽然具有自身的强烈的支系色彩，但依然和中国境内的其他地方的中华文明有着千丝万缕的联系，所以奇特的三星堆文化属于中华文明重要的组成部分，与其他星球没有丝毫关系，三星堆文化就属于我们这个世界，它是由早期的蜀地先民创造的。

三星堆塑造的青铜器形态各异且精美绝伦，它们和其他任何一个时代考古出土的青铜文物都存在有不同之处，实在让人难以想象，那个时代的工艺水平已经如此纯熟。

随着三星堆文物大量的出土，各式各样的文物层出不穷，却唯独没有文字的出土。文字是文明的象征，是传递信息的方式和工具，三星堆遗址具备了从原始社会到文明社会的标志——城市、宗教、冶金都有，唯独没有文字出土，给神秘的三星堆文化了增添一分奇特。

## 一、青铜人像

古人认为天圆地方，天是圆的，地是方的，而四方的上下左右便是东西南北海，也叫四海，所以称为“四海之内”。而方形的中间就是古人所认为的中原地区，也就是华夏文明最早的中心地带。古人认为中原地区是世界的中心，除了中原地区其他地方皆为蛮夷，所以有东夷、南蛮、西戎、北狄的说法。

中华文明除了中原地区以外，在长江流域的川蜀之地也有一个曾经高度发达的群体那就是三星堆遗址。从三星堆遗址中出土的文物可以看出，青铜文化在这一时期占据非常重要的地位，这些青铜器物的制作工艺和特色乃至其背后的用途及含义都已经超出了我们对日常青铜器的认知。三星堆出土的大量青铜器物，基本没有日用物品，而是以祭祀品为主，且具有强烈的地域文化特色，尤其是青铜雕像、金杖等，乍一看，与玛雅文化和埃及文化十分相似。

三星堆发掘出来的青铜器物和同时期的中原青铜器大不相同，三星堆青铜器上没有留下一个文字，简直让人不可思议。在已经能够炼制如此精致的青铜器高度文明时代，怎么会没有文字留存？同时三星堆人塑造的人物形象鼻梁高，眼睛深陷，颧骨突出，嘴巴阔，耳朵上有许多洞，造型夸张神秘。同时期商周留下来的青铜器大多气度稳重庄严，而三星堆的青铜人像更夸张、超脱且充满神奇的想象力。根据古羌人的传说，蜀地的祖先是西北高原地区的原始族群，他们来到成都平原以后，就和当地的土著部族进行了一场战争。后来，一位名叫蚕丛的羌族领袖为王，因蚕丛的额头中间有眼线，后世的羌人便铸造了许多青铜纵目面具，以示对他的敬意。《华阳国志•蜀志》记载:“有蜀侯蚕丛，其目纵，始称王。死，作石棺石椁，国人从之，故俗以石棺椁为纵目人冢也。”

三星堆文化在中国考古史上有着特殊意义，主要在于三星堆遗址出土的青铜人面像的各种奇诡怪异的神态和形象，这些古怪的青铜人像给学者们的理解与研究造成了很大的困难。其一，就是三星堆的祭坛上，从来没有出现过这样的雕像和画像，也没有文字可以作为参考，所以，学者们只能通过中原的典籍来了解和研究三星堆的遗迹，以及它们的风格和内涵。其二，对三星堆家族起源和文化根源的研究与探讨更是模糊不清，困难重重。巴蜀历史上的文化生态体系具有多样性、复杂性，民族来源的多元

图4-1 青铜立人像

化、错综复杂，尤其是长期的民族交往、民族迁徙、文化波动，使得巴蜀民族关系的研究至今仍难以从纷繁复杂的脉络中理出头绪。其三，三星堆文化给我们展现了一个史无前例的古代蜀国制度，但从蚕丛、柏灌、鱼凫、杜宇、开明蜀王朝等方面的认知，都不能在文化学上找到准确的位置。

（一）青铜立人像

三星堆青铜立人像高1.8米、通高2.62米，1986年在三星堆2号祭坛被发掘。它的重量大约180公斤，是一件超过3000年的青铜雕像。这尊巨大的青铜雕像是现存最高和最完整的一尊铜像，被誉为“世界铜像之王”。

这尊塑像是用分段铸造的方法铸造的，它的身体是空心的，分为两个部分，一个是人形，一个是基座。这尊雕像头戴高冠，两只耳朵高耸，鼻梁高挺，嘴唇修长，身穿三件宽大的袍子，上面绣着一条龙纹、一条蛇、一条四方形的腰带，做工精细，在夏、商、周历史上都是独一无二的。

他的外貌和中原人有很大的不同，青铜立人像到底代表着什么？这是一个值得研究的问题。目前，学术界存在着一些分歧：一种观点认为，青铜立人像是一位蜀王，他是一位政治君主，也是一位巫师。另外一种观点则认为青铜立人像是古代蜀国的神权政治领导人的形象。更多学者认为，他是三星堆古蜀国集神、巫、王三者身份于一体的最具权威性的领袖人物，是神权与王权最高权力之象征。人物所佩戴的方形腰带，具有“法带”的特性，是权威的象征。他身上的龙纹图案，似乎与诸神有着某种联系，他身上的长袍，应该就是巫师的长袍。

青铜雕像出土以来，不断有专家学者对其拿在手中的“物品”展开推论和研究，分别有权杖、象牙、玉琮和没有握任何东西几种说法。从雕像的形状和姿态来看，这种姿态很有可能是一种重要的仪式，或者是一种表达某种意愿的方式。因此，也有可能他手中并没有什么物品。

（二）青铜头像

考古发现，三星堆出土的青铜人头雕像，其发型可分为两种：一种是在后脑勺上扎一根小辫子；另一种是用发簪把头发束起来，用簪子把头发笄住。他们是三星堆王国统治阶层中的两大派别，“辫发”一族，掌管着世俗的事情，而“笄发”一族，则是以祭祀为主。在古代蜀人中，头发是一种社会地位的标志，铜像的发髻和发髻的式样都有秘密，与现代社会不同，现代社会发型完全是根据自己的喜好，没有地位和身份的象征。三星堆时期，在上层社会中，两个掌握政权的群体，存在着权力的不平衡。以

"笄发"为特色，负责宗教仪式的少数民族开始加强自己的力量，将大部分的财产都集中在自己所管理的区域里，用来铸造青铜雕像、为神灵服务的铜人和兽类。"辫发"族被"笄发"族逐渐排挤，在人数占优的情况下，为了

图 4-2　青铜人头像　商代晚期 公元前1250—前1100年　1986年三星堆二号祭祀坑出土

维持自己的地位，利用其在政治、军事、外交等方面的资源，聚集起足够的实力，对抗“笄发”一族，并最终将“笄发”一族消灭。

图 4-3 青铜人头像 商代晚期 公元前1250—前1100年 1986年三星堆二号祭祀坑出土

图 4-4　青铜人头像　商代晚期 公元前1250—前1100年　1986年三星堆二号祭祀坑出土

图 4-5　青铜人头像　商代晚期 公元前1250—前1100年　1986年三星堆二号祭祀坑出土

图 4-6　戴金面罩青铜人头像　商代晚期 公元前1250—前1100年　1986年三星堆二号祭祀坑出土

图 4-7 青铜人头像 商代晚期 公元前1250—前1100年 1986年三星堆二号祭祀坑出土

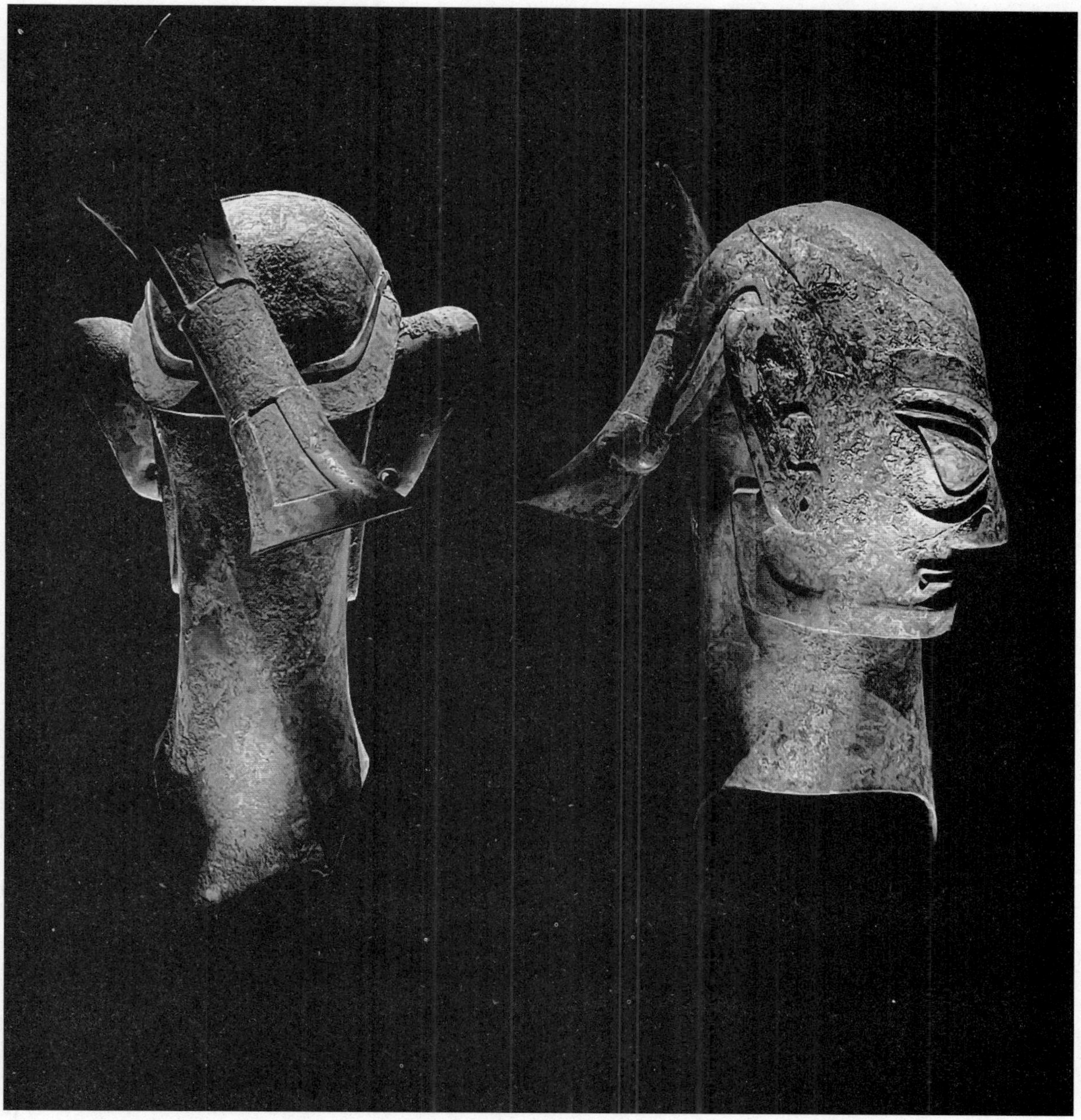

图 4-8 青铜人头像 商代晚期 公元前1250—前1100年 1986年三星堆二号祭祀坑出土

图 4-9 青铜人头像 商代晚期 公元前1250—前1100年 1986年三星堆二号祭祀坑出土

图 4-10　青铜跪坐人像　商代晚期 公元前1250—前1100年　1986年三星堆一号祭祀坑出土

图 4-11　青铜面具　商代晚期 公元前1250—前1100年　1986年三星堆一号祭祀坑出土

## （三）纵目的由来

中国古代有个“蜀犬吠日”的谚语，讲的是成都的草原上，平时很少见到阳光，所以狗一见到太阳，就觉得很奇怪，觉得有什么东西就要冲上去撕咬。

成都平原历来多云，天空基本是灰蒙蒙的，蜀人住在这里，很难看到远处的景物。关于纵目大面具有一种观点是，这种面具就是在这种四川天气不好的这个背景下制造的，因为它的双眼呈圆柱状，可以拥有非凡的远视能力，能够看到很远的距离；一对尖尖的耳朵，就像是鸟儿的双翼。在古人看来，天上的鸟儿，可以听到很遥远的距离，或者说，是来自云霄之上的神明的指令。正因为如此，这张大面具才有了“千里眼”和“顺风耳”的称号。

另一种观点认为，纵目大面具塑造的是蜀王蚕丛的形象。《华阳国志·蜀志》记载:“有蜀侯蚕丛，其目纵，始称王。死，作石棺石椁，国人从之，故俗以石棺椁为纵目人冢也。”所谓“纵目”，会不会就像传说中的

图 4-12 青铜面具 商代晚期 公元前1250—前1100年 1986年三星堆二号祭祀坑出土

二郎神那样，眉心生出一只眼？在祭祀坑被发现之后，学者们终于明白了“纵目”和面具一样，它们的眼睛都是向外凸出的。蜀王蚕丛为何会像怪物一样？因为“纵目”面具是对蜀王蚕丛的怀念，这种意象是由古代蜀人按照自己的想象经过艺术处理加工而成的。

在三星堆遗址中，除“纵目”大面具外，还发现了很多与“眼”相关的器物，这些“眼形器”主要分为三种类型：菱形、钝角、直角三角形。菱形是一个整体，一个钝角三角形是由两个部分组成的，菱形的中央正好形成一个凸起的圆形，象征着古代的“纵目”。眼睛是古代蜀汉文化表现的一个重要母题，有趣的是，甲骨文中“蜀”字虽然有20种不同的书写方式，但在每个书写方式的前面，都有一个“目”字。既然古代蜀人没有留下自己的文字，那么殷商的甲骨文为何要用眼睛来表示蜀人？从青铜上的双眼崇拜可以看出，在那个时代，蜀人曾制造过很多双眼凸起的雕像，当时的蜀人，也许见过或听闻过类似的神像，于是以象形的形式记载，也许这就是纵目的由来。

图 4-13 青铜纵目面具　商代晚期 公元前1250—前1100年　1986年三星堆二号祭祀坑出土

图 4-14　青铜跪坐人像　商代晚期 公元前1250—前1100年　1986年三星堆二号祭祀坑出土

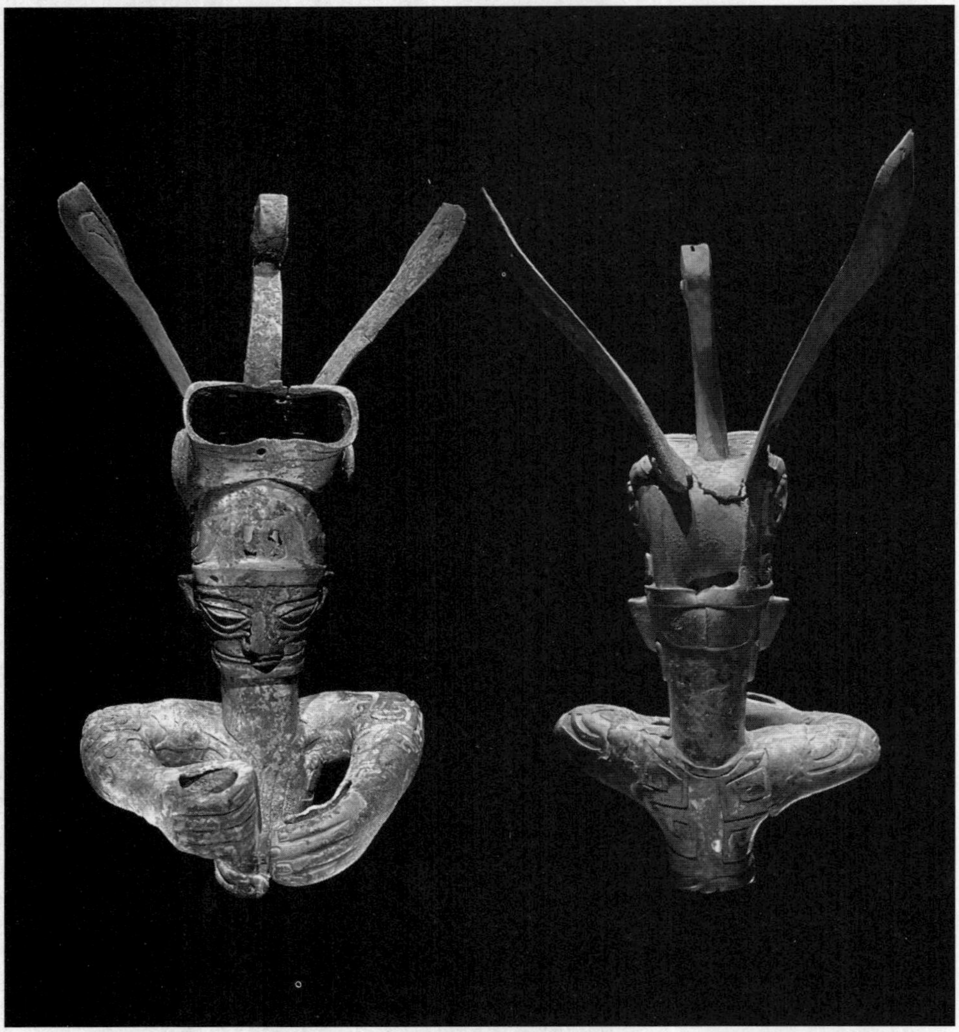

图 4-15　青铜人头像　商代晚期 公元前1250—前1100年　1986年三星堆二号祭祀坑出土

## 二、青铜器物

三星堆出土了多件4000多年前的铜铃，这些铃铛通体为铜质，形状圆润，腹部扁平，底座是一个圆形的圆筒。在铃柄上用一根细线拴住，在铃柄的底部开一个洞，洞中放入一小块铜片。

大约在春秋战国时期，我国就使用铁器了。而铜铃作为祭祀用的重要器皿，在三星堆时期，成为百姓生活的必需品。那么，这个铃铛到底是怎么回事？铜铃上有很多白色的小点，显然是被人用各种方法处理过，才会有这样的小点。如果是在制作时无意中遗留下来的，那么就证明了这个铜铃的制作技术已经非常高超。

在三星堆出土的大量青铜器、玉器都是精美的。而这些铜铃铛，其形制相对简陋，却显示出当时青铜器技术的高度发达。大约在4300年以前，铜铃是中国古代一种既能鸣又能传信的古老器物，是一种非常稀有的器物。青铜铃铛多呈铃状或喇叭状，而小一些的则以喇

图 4-16 铜铃 商代晚期 公元前1250—前1100年 1986年三星堆二号祭祀坑出土

叭状为主。铜铃图案有对称型与非对称型之分，是三星堆的一项重要艺术遗产，同时也是一种具有典型意义的装饰图案。铜铃图案在尺寸、形状、装饰、铸造等方面都有不同的特点，铃铛上的纹饰以云雷纹、涡纹为主，辅以三角、连弧纹、菱形、锯齿纹，部分器形上还有三角形的突起，并辅以弦纹和卷云纹。铜铃图案是三星堆装饰图案中最典型的一种，它具有独特的造型、多样的装饰方法和繁复的生产技术。铜铃图案为主体的一种装饰性图案，多以“弦”为主体。在铜铃的纹饰上，我们还发现了凤、龙、鸟等动物的形象。在我国现在所发现的商代晚期和西周时期的青铜器中，这种装饰纹样的出土得并不多，但它的造型却很精致，图案也很复杂。

通过对青铜铃铛的研究，这种铜铃并不只是在古时才被人用过，甚至到了现在，这种铜铃也被认为是一种很重要的东西。殷商中后期的青铜器上也有这种乐器的身影，是殷商时期人们进行祈愿和祭祀时必不可少的一种乐器。

铜铃又称“丁铃儿”“响铃”，亦

称“悬铃器”“吊铃”，是一种用铜钹等作为敲击对象的器具，其材质为青铜，其制作方法与材质都十分独特，是一种古时候用来敲钟的东西，也是一种便于携带的东西，一般都是系在腰上，或者是系在头顶。这些铃铛表面光滑，和现代的铃铛差不多。不仅仅是因为它的外表光滑，更因为它的内部是用一种特殊的材料制成的，所以它的铃声十分清脆。

在三星堆青铜器中最有价值的一件青铜铃铛的底端用一根扁平的带子或一圈的带子构成铃铛的表面，铃铛的上端有一对圆形的小孔作装饰，也可以作为铃铛的把柄。这是一种用于在祭祀中悬挂青铜乐器的吊铃。

随着青铜礼器在社会中的广泛应用，铃铛也被广泛应用于各种礼仪。三星堆铜铃、铜锣和铜鼓等一批青铜打击乐器，是极具中原地区青铜文化特色的中国古典乐器。

四川出土的铜铃种类很多，除了三

图 4-17 铜挂饰 商代晚期 公元前1250—前1100年 1986年三星堆二号祭祀坑出土

星堆遗址出土的较大的铜铃外，还发现了一些较小的铜铃，虽然数量较少，但有些铜铃造型独特，纹饰精美。

三星堆是目前在四川广汉发现的长江上游最大、最完整的古蜀国都遗址。在这里，有许多有价值的文物，如青铜神树和黄金权杖。铜铃是三星堆出土的一批重要器物，这种铃大多由青铜制成，既可以用铁器吊着，也可以用木棍吊着。

三星堆出土的铜铃有些是镶嵌在物体上，有些则是浇注在物体上，青铜的材料也有很大区别，有1:2的铜锡，1:1的铜铁，2:1的铜锡。铜铃的制造方法有铸造法、锻造法和铸接法，但以铸造法为主。科学家们仔细研究发现这些青铜器除了铜元素之外，还含有一定比例的磷元素，三星堆的青铜器中含有磷的比例都在8%~10%，很显然，这是人为控制好的比例。

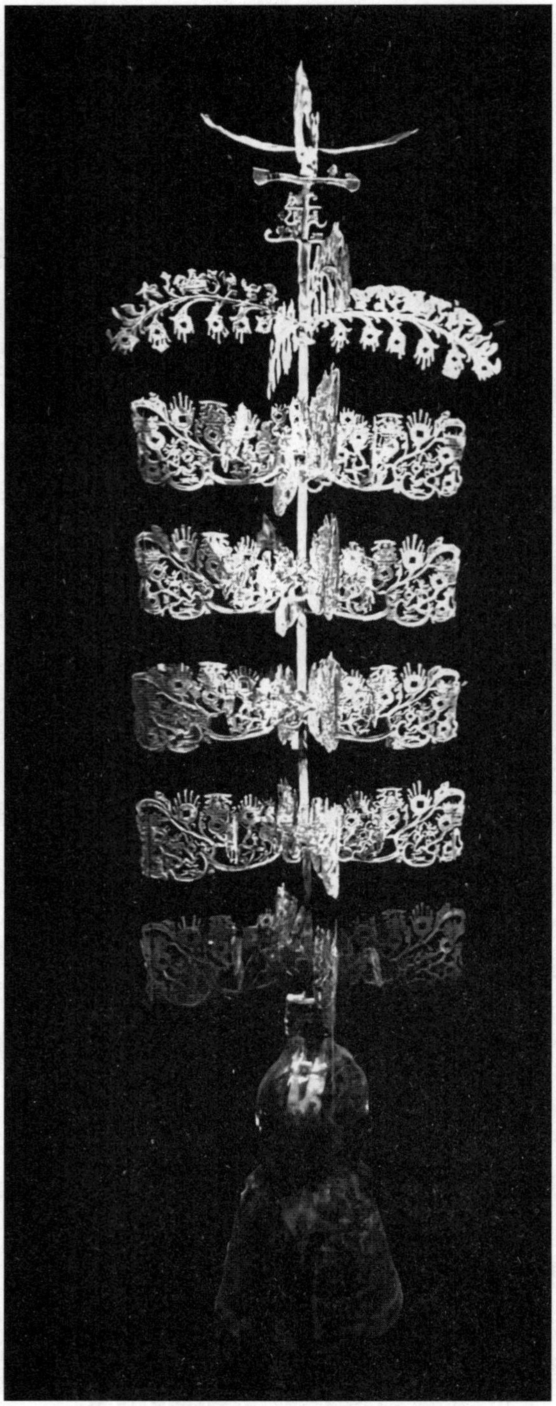

图 4-18　摇钱树　商代晚期 公元前1250—前1100年
1986年三星堆二号祭祀坑出土

图 4-19　青铜神殿（残件）　商代晚期 公元前1250—前1100年
1986年三星堆二号祭祀坑出土

图 4-20　青铜神树（局部）　商代晚期 公元前1250—前1100年　1986年三星堆二号祭祀坑出土

图 4-21　青铜神殿（残件）　商代晚期 公元前1250—前1100年　1986年三星堆二号祭祀坑出土

图 4-22　青铜罍　商代晚期 公元前1250—前1100年　1986年三星堆二号祭祀坑出土

图 4-23　青铜尊　商代晚期 公元前1250—前1100年　1986年三星堆二号祭祀坑出土

图 4-24　铜罍盖　商代晚期 公元前1250—前1100年　1986年三星堆二号祭祀坑出土

图 4-25　青铜尊　商代晚期 公元前1250—前1100年　1986年三星堆二号祭祀坑出土

图 4-26 铜戈、铜铃、铜璋 商代晚期 公元前1250—前1100年 1986年三星堆一、二号祭祀坑出土

图 4-27 青铜尊 商代晚期 公元前1250—前1100年 1986年三星堆二号祭祀坑出土

# 第五章　视觉三星堆

## 视觉三星堆

我国有着五千年的文明历史和广阔疆域，同时又是多民族国家，独特的地域条件使得广大的劳动人民在生活、生产过程中创造出特殊的中国文化，这些文化涵盖着长时间以来各民族的风俗习惯、道德观念和美学趣味，具有很强的地域性和凝聚性。中国传统视觉元素是中国文化重要的表现之一，以中国三大美学体系“儒、道、禅”思想为基础，融合了大量的思想内涵和文字图形体系，是传递中华民族价值取向的视觉文化。对于中国传统视觉元素的理解，可以从物质和精神两个层面入手。首先，那些明显带有中国印记的元素经过艺术的加工处理，能够被我们视觉感官所感知的，属于物质层面的中国传统视觉元素，譬如图腾和文字。它强调的是从中国视觉文化中延续下来的视觉文化遗产。因此，这些视觉元素带有特定的文化内涵，在内容、形式、造型、色彩上都有固定的规范。这些规范在艺术加工过程中演变成人们的审美准则，一代一代薪火相传，就有了如今大众所熟知的中国传统视觉元素。但是单纯从物质层面来探究中国传统视觉元素，则会失之偏颇。中国传统视觉元素脱胎于中国历史文化，谈及文化就不得不对其进行精神层面的分析。中国传统视觉元素的精神层面则是我国传统文化所代表的精神内涵，是可视化的中国文化气质。无论是大象于无形的中国气度，还是立象以尽意的中国气韵，这些精神内涵都是中国传统视觉元素背后的核心价值，传递着数千年的中华民族文化历史。物质与精神两个要素构成了中国传统视觉元素，其中起决定性作用的是精神层面，但由于精神层次的东西不能具象出现，观众无法通过视觉形象感知，所以精神层面的内涵又必须通过物质层面的形式表现出来。中国传统视觉元素既是中国传统文化的外在表现，也是中国文化精神的内在体现。中国的视觉元素多种多样，要想把这些元素合理地融入视觉艺术的创造之中，就必须要对其表现方式和时代特点有深刻的认识。

## 一、中国传统视觉元素

人类在对大自然的理解和改造中，创造出了许多具有民族特色的视觉要素。中国传统视觉元素，是一种传达视觉讯息的载体。人们在进行艺术创作与加工的过程中，会运用到大量的视觉元素。那么梳理出不同时期典型的中国传统视觉元素类别，有助于提取相应时代的历史符号特征，使得艺术创作更有特色。

第一个时期是原始社会。早在旧石器时代人们就开始利用图案与符号来表达对世界的认知，反映出原始人类早期对自然的崇拜。到了新石器时代，原始先民们通过雕刻在陶器和石壁上的图形符号来记载事物和活动，这些图形符号成为部落的标志和图腾而具有象征性意义，通常用来表达情感、传递思想。这一时期的视觉元素以几何图案最为典型，如半坡文化中的“人面鱼纹”，仰韶文化中的“几何纹”。

第二个时期是夏商周时期。由于人们对自然的认识较弱，因此靠自己的意向思维，创作出一些非客观存在的视觉元素。夏商周时期以青铜工艺最为典型，视觉艺术成就在青铜器上体现得淋漓尽致。青铜器作为统治者祀神的祭器和奢侈享用的酒具，纹样大都凝练厚重，以饕餮、龙、凤等图案为主，呈现出狞厉的装饰性美感。最为突出的是饕餮纹，也叫作兽面纹（如图5-1所示）。饕餮是传说中的神兽，外貌似羊似牛。夔龙纹在商朝的青铜器上也很常见，常与饕餮为伴，是一种类似于龙的兽纹。

云雷纹是一种具有代表性装饰纹样，常作为青铜器装饰，其基本特点是用连贯的螺旋线组成几何图案。这些常见纹样作为视觉元素，自古以来就是中国的象征。在上古时代，龙就是一种象征，许多帝王都以“真龙”自居，在民间多有祥瑞之义。周灭商之后，青铜器仍占有重要的地位。但在表现形式上，融入更多的想象变化，视觉效果上既庄严而又蕴含着浓厚的社会内涵，表现着人与天的关系，其中以动物作为媒介，祈求将人的意愿与天联系起来。

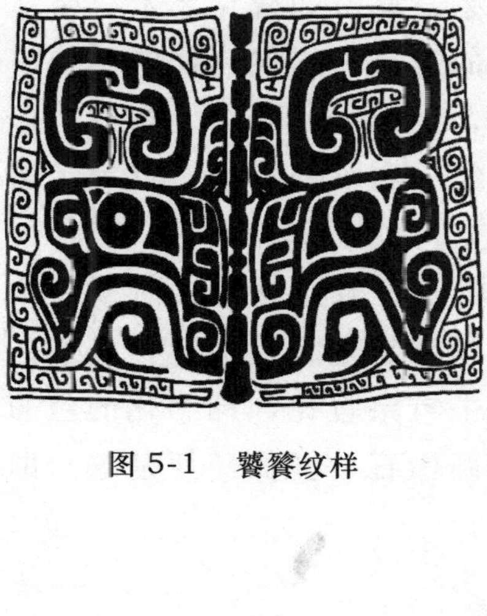

图 5-1　饕餮纹样

图 5-2　云雷纹样

第三个时期是春秋战国时期。此时的视觉元素题材，已由商代的“祭”和周代的“礼”逐渐转向现实生活。除了传统的饕餮纹外，造型上也显得更加自由多样，渔猎、采桑、狩猎等生活元素开始转化为装饰元素。较为典型的有“鱼纹”，因为“鱼”和“余”同音，所以被古人用来表现对丰收富足的期盼，如年年有余；“马”也是常用到的视觉形象，俗话说“老骥伏枥，志在千里”，以马来寄托一种希望所做之事马到成功的情感。此时的视觉艺术风格从商代对天的遵从和周代礼仪的制约中摆脱出来，呈现一种自由无拘的状态，为秦的统一和汉的兴盛，奠定了有力的视觉工艺文化基础。

第四个时期是秦汉时期。由于宗教神学和符瑞之说盛行，人们的观念开始带有宗教化、神学化的色彩。大量的画像石、画像砖便是这一时代盛行的产物。同时出于对宇宙和生命的认识，人们开始自己创造一些抽象的视觉图形，产生了大量精神意识类的视觉元素。如“太极八卦图”，它是一种中心对称、黑白阴阳互补的图形，常常用来表现生命的轮回，从无到有的过程。在我国视觉文化发展进程中，汉代可以说是形成了第一次发展高潮，这一时期的视觉元素质朴无华，是一种朴素美，同时又具有动感，如云气纹的表现。云纹在传统视觉元素中有很高的使用频率，春秋战国时期的彩陶上就有云纹的出现，在古代它是一种吉祥的象征。因为云在古代可见不可及，因而被赋予了一种神秘的色彩，在近代的视觉设计创作中也被大量地借鉴。

第五个时期是唐宋元时期。唐代是我国视觉元素发展的一个重要转折期，视觉艺术风格倾向于“情”。主要体现在以下几个方面：一是生活情趣的描绘。同心结、并蒂莲、连理枝、比翼鸟等广泛应用在装饰上。二是题材的多样化。不仅有传统的龙凤，也有海兽、狮子等。三是华丽丰满的艺术风格，唐代最为典型的装饰性花纹是卷草纹，也称“唐草”，其特有的条型风格，层次感强，流畅又富有动态感。

由于印刷术的发展与民众辟邪、吉祥喜庆的需要，宋代门神画、年画艺术开始盛行，以“鱼、凤、龙”等成双成对的装饰纹图案较多出现。多以动植物图案来表示人们美好的祝愿，如“鸳鸯

图 5-3　卷草纹样

莲花”寓意夫妻和谐幸福，“乌龟”传达长寿的愿望。在这之前，人们的思想观念受宗教的影响。但经过社会的发展，人类开始意识到自我，追求自我。从视觉题材看，也由原来的动物神兽类转向花鸟类。从视觉艺术风格看，摆脱了殷商魏晋以来的古朴元素，侧重于一种规律美和写实美，带有一定的人文主义精神。

第六个时期是明清时期。明清两代视觉艺术的成果主要体现在瓷器与刺绣之上，表现题材大都是带有吉祥寓意的花草和动物。这一时期的汉字书法也是较为典型，中国的汉字是典型的“形”与“意”结合的造型元素。即拥有一定的造型基础，也可通过适当的变形调整，转化为一种图形元素。大家普遍认为这一时期是中国视觉元素发展的高峰，最为典型的是对吉祥题材的使用，讲究“图必有意，意必吉祥”，对后世的社会文化产生了深远的影响。梳理各历史时期典型的视觉元素，可以将中国传统视觉元素分为三种基本类型：几何型、动物型、花草型。几何型起源于原始社会，当时原始人类的思维模式以感性形象为主。用几何符号直观表达对世界的认识，既简单易认，又生动形象。这在世界各国的视觉元素中普遍存在着，代表着人类在原始文化中普遍的、初级的、感性认识的共通性。动物型在中国传统视觉元素中占有很大的比例，从夏商周到魏晋南北朝，占据了绝对的主导地位。体现出生产力水平低下的时候表现出人们对动物的渴望，并希望借助动物的超人力量达到目标，以便从心理上克服外在压力的愿望。这些动物有真实存在的动物形象，也有主观臆想产生的非现实图案。虽存在不合理性，但这种动物形象却认为是有代表性的。动物图案发展到汉代，与伦理、空间、颜色、四季更迭等逐渐相互关联形成图案。因其灵活性和神秘性，故而被人为地赋予神秘的意义和神话的色彩。

花草型占据一席之地是从唐代开始，一直到近代。花草图案早在原始社会就已出现，例如陶器上的花瓣纹。但明清时期仍是以动物图案为主寻，花草图案居于陪衬的位置。它的广泛应用，当从唐代开始，随着社会生产力的不断发展和人们思想观念的革新，被大量用于装饰领域。这一举措象征着人们自我意识的觉醒，人在认识自身主体性的过程中，希望摆脱神的束缚。并把自然界的花草作为欣赏的对象，寻找自我，了解自我。综上可知，中国传统视觉元素起源于原始社会，它的作用和寓意涉及纳吉、祝福、祈福、除恶、劝勉、警戒等诸多内容。

## 二、表现形式的抽象性与具象性

按照心理学上的解释，抽象指的是抽取出某些事物的若干共同属性，并将这些属性推广到一类事物，使之普遍化的思维过程。具象则可以看作是形象思维的一种方法，它的特征是逻辑性、整体性和具体可感性。在当代图形设计中，抽象就是将图像进行对比，或者舍弃与其相对应的艺术表达。而“具象”与“抽象”相对，它是一种对自然事物的描述，既可以是具体的描述，也可以是一般的描述，两者都是中国传统的视觉要素。

除了抽象地表达思想意识的视觉元素外，中国传统视觉元素大都表现为一种具象描写。通过对典型视觉元素的分析，可以分为三类：一是对真实事物的充分描写；二是对真实事物的概括描写；三是对主观臆想事物的描写。在真实事物的充分描写中，我们可以看到有山川河流、花草动物等具体形象，这些都是对某一个事物的充分描绘。大部分都是真实的直观反映，我们能够直观地看到这些视觉元素所传达的讯息。在真实事物的概括描绘中，不在于充分表现外貌特征，而在于抓住其关键结构，虽然我们看不到东西的真正含义，但我们可以通过想象来理解它所传达的信息。例如“唐草”纹，对植物轮廓进行高度概括创新，透过简洁的线条，我们仍然可以看懂“唐草”的曲折变化之美。

对现实事物的概括描写指的是在主观臆想产生的事物当中，这些视觉形象是从人的主观想象中派生出来的，是一种心理现象的结果，它仍是属于具象型一类。以中国龙和麒麟为代表，虽然是由人通过神话主观想象出来的，但它们都是实体。我们所说的抽象是一种艺术表达方式，它在很大程度上与自然物体的外形背道而驰，或者说完全放弃了自然物体的外形，所以在龙、麒麟等的视觉形象中，我们依然可以看到真实物象的存在。麒麟虽然是一种虚构的动物，但从外表上似乎可以看到狮子头、鹿角、虎眼以及马的尾巴，是一种由各种动物集合在一起而产生的形象。

中国文化在情感的表达上向来以含蓄内敛为主，以往的艺术家们通过含蓄的视觉元素来传递文化情感，中国传统视觉元素就自然而然地成为传统文化的象征。从表现形式上来看，无论是抽象还是具象的视觉元素，都需要借助象征性来传达意义。就抽象性的视觉元素而言，背后必然有特殊的文化象征意义，否则只能是几块单纯的几何形态。对于中国传统视觉元素的理解，则需要有一定中国文化底蕴的人才能理解其含义。倘若让一个不了解中国文化的外国人去看“太极图”，在他的眼中或许只能看到几块几何形状，无法理解到其对宇宙变

图 5-4　三星堆宫殿　作者: 周朱瑞琪

化、生命轮回的认识。在具象的视觉元素中，很多也都被赋予象征的意义。如梅兰竹菊等植物，因为它们的习性和外貌，常被比喻人具有高洁的品格，也就说我们常说的托物言志；龙、凤等图案，从古至今都是权力的象征，代表着社会等级；鹤、龟是长寿的象征，常被用作贺礼运用到艺术创作中，不仅成为形象的外衣，更被赋予象征的意义。

视觉元素表现形式高度概括的符号化主要指视觉艺术风格的符号化、表现方式的符号化及构型过程的充分符号化，其色彩表现、外形构造均有指定意义。如红为忠、白为奸、黑为正、黄为暴、金银为神妖等。古代钱币圆形方孔的视觉图形，是利益、金钱观念的符号化。在视觉艺术表现中，特殊的符号常常被用来体现角色内在的精神、职业、性格等特征。

## 三、三星堆青铜器视觉特征

三星堆遗址出土了大量的青铜制品，这些青铜制品大多是祭祀时所用的，大体可以分成以下几个部分：人像类和动物类。人物头像更是青铜器的典型代表，例如青铜人面具、青铜兽面具、纵目面具、青铜冠面具等。三星堆青铜面具的眼睛和耳朵有两种形状，一种是真实的，类似于人类的耳朵，可以看到耳郭和耳垂，一双眼睛呈杏仁状，鼻梁很高，鼻头很大，与蜀人的形象很像。另外一种则是更加夸张，特别是耳朵和眼睛，它们的耳朵很大且尖，有一种向上的感觉，眼窝里有一只鸟的形状，中间长着一个圆形的四四方方的眼珠。此种造型与古蜀先王蚕丛有关，传说他的眼睛就是向前向上凸起。

在三星堆青铜面具中飞禽的图案十分常见。夔龙纹是古代蜀人的王权和神权的象征，和其他没有文字的国家和民族一样，都是依靠象征的形象来巩固自己的统治，以此来赢得人民的支持，也是一种保存和传承自己文化的重要手段。鸟在古蜀人的信仰体系中占据了很大的比例，在青铜面具中，鸟的图案占了很大的比例，它的面部图案主要是从鸟身上的各个部位抽象转化而来，比如一双巨大的、张开的翅膀，一个像鹰一样的鼻子，一双尖尖的眼睛。三星堆的视觉元素生动、逼真、夸张，突出了立体和空间的营造，体现了古蜀人大胆的抽象思维和独特审美。以青铜立人像为例，它分为上、下两个部分，上部是一个站立的人像，下部是一个动物的脸。它的头部戴着一顶花形的高冠，上面有一个连续的回形纹，还有一个对称的兽面。其上有三重衣裳，刻以龙纹、鸟纹、蝉纹、目纹等图案，花纹复杂而精致。从总体上来看，该尊铜像的造型基本上是现实主义的，但是在面部、手和手臂上都采用了夸张的手法。突出的双眼是脸部的焦点，显示出严肃的表情。这种人工的艺术效果，使整个人像的造型具有庄严、震撼的压迫感。

除了表现手法的写实和夸张，三星堆青铜器的造型具有象征意义。例如青铜神树的造型很有创意，底座是圆环，上面有三尊青铜雕像，以云山为基础，象征着天地之意。这株神树的树冠是残破的，上面雕刻着一条青铜色的巨龙，它的脑袋是向下的，尾巴是向上的，就像是从神树中走出来的。树干从正中央长出来，分成三层，每一层都有三根，上面用花瓣支撑着果实，而在顶端，则是一只凤鸟。这与《山海经》中“扶桑神树”的形象和“金乌负日”的神话故事基本吻合，表达了古人对自然的敬畏和对太阳的崇拜。青铜神木的形状，象征着沟通天地的含义，体现了古蜀人朴素的世界观，想象着以一棵通天的神木为桥梁，去探索未知的宇宙。

三星堆的金器不但造型逼真，而且

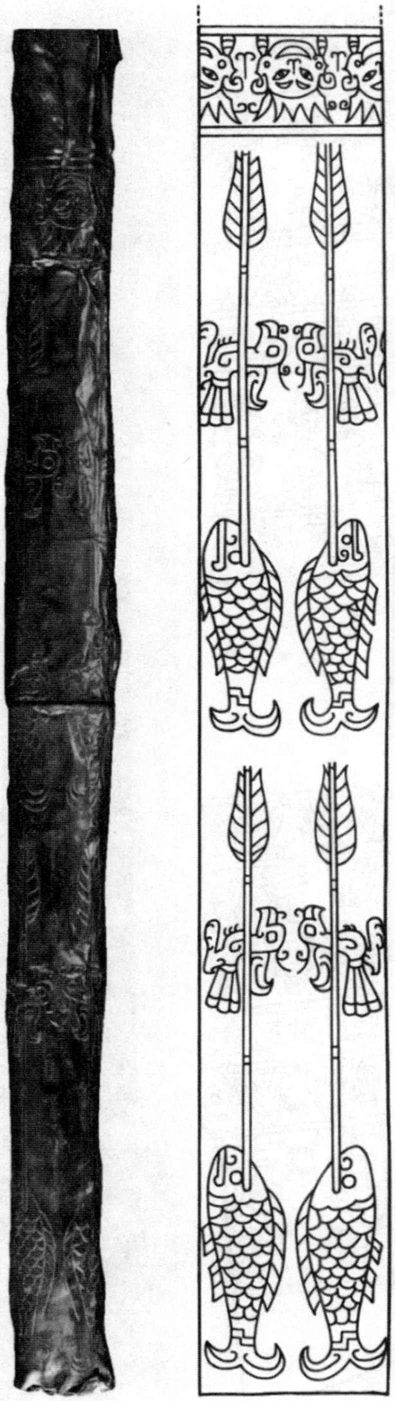

图 5-5 三星堆金杖及图案展开效果

装饰精致，也体现了古代蜀中工匠精湛的工艺技术和独特的美学水准。三星堆金器的纹饰与崇拜信仰的观念相联系，有一个共同的特点，就是将黄金打制成薄片包裹在器物表面，表面绘有各种纹样更多起装饰的作用，其中以金杖、金箔虎形、金面罩最为典型。金杖原本是用捶打好的金箔包卷在一根木杆上，但木杆早已碳化。上面主要是以线描形式刻画出鱼和箭构成的二方连续纹饰（如图5-5所示）。金杖的一端平雕有长46厘米的图案，共分三组：靠近端头的一组雕刻有两个前后对称的人头图像。五官刻画线条简练而又生动传神，呈现出开怀欢笑状。头上戴冠，冠的形状犹如锯齿纹或花瓣状。在金杖的内侧，有两个类似的图案，上面是两个脑袋对着头，下面是两条鱼，脖子上有一个类似于箭羽的图案。关于图案的内容，在不少著作中都有分析，学术界普遍认为它是鱼凫氏的文化遗存，认为它是古蜀王国的权杖，是王权和神权的象征。金杖图案上的人、鱼、鸟，正表现出“颛顼死即复苏”“是为鱼妇”这种上古人们关于人类与动物的相互转化观念。除此之外，金器里还有遍体压印的“目”字形的虎斑纹，虎头昂起，张口作咆哮状，金虎呈半圆形；还有呈柳叶状的金箔鱼形。这些图饰有大小、方圆、长短等变化，呈现出一种对称与均衡的形式美。古蜀人为了把图形矛盾关系和谐地组织协调起来，采用变化统一的方法，把绘制的图形有规律、多样化地统一到器物之上，手法熟练，这可以佐证古蜀人已经掌握了图形纹饰变化和谐统一的概念和灵活使用技巧。

## 四、三星堆玉器视觉特征

三星堆的玉器品种繁多，是中国玉器和玉器发展史的宝贵资料。玉器形状主要是几何形的，包括璋、戈、璧、琮、刀、矛、凿等。在装饰手法上，常在器皿的外部雕刻复杂的纹样，而装饰纹样则是用细丝阴刻工艺制作而成。纹样的主题很多，有平行直线、网格纹、菱格纹、云雷纹、回纹、人物纹、兽纹、璋纹、手纹等。最为典型的是玉边璋，长54.5 厘米，外形酷似一把大刀（如图5-6所示），出土时灼烧痕迹明显，最珍贵之处是其顶部和柄部各有一组的图案，呈对称布局。最上层三人头戴平顶冠平行站立，耳系铃形耳饰，长衣达膝，脚着翘尖靴，两足外撇呈一字形，双手在胸前做抱拳状，两拇指向上相抵，其下有两座山，山顶内部有一带点圆圈，两山之间有一盘状物，上有飘动的线条状若火焰，圆圈两侧分别刻有“云气纹”。在山形图案的底部又刻一座小山，图形纹饰变化统一。小山下是方台，应是祭祀台。山的外侧，一只握成环状的大手从天而降，伸出拇指按在山腰上。第三幅图是两组S形

图 5-6 三星堆玉璋及上面的纹样

勾连云雷纹，将上下分开。云雷纹下又是三人，带山形高帽，衣着手势同上，所不同的是这三人的跪姿。这些图案虽然小却简洁明了，创造出很强的体积感和深度感，甚至抓住了转瞬即逝的面部表情和动作姿态，有着浓郁的宗教祈祀意图。

从某种意义上来说，古蜀地区出土的玉器、青铜器等，显示出古蜀地区的明显地域特征，表明古蜀在祭祀、礼仪、音乐等方面，与中原文化有很大的区别。如发掘出的许多以鸟类、鱼类等为主题展开的动物塑像，夔龙、凤凰、龙等抽象的动物雕塑，某些不知名的怪物，它们已不再单纯地作为摆设，而是与服务于宗教、礼仪和政治的工具相结合。同时，无论是青铜还是玉器，它们在视觉上的表现形式都反映出古代蜀人的“万物有灵”的图腾崇拜。大自然中的山、树、鸟、眼、太阳等都是古代蜀人的偶像，他们把崇拜的对象抽象、神化，具体体现在三星堆玉器造型、装饰上。鸟是一种常用的装饰性主体，神鸟崇拜在三星堆文化中占有重要的位置。在玉器、青铜器、金器中都发现了很多以鸟为题材的纹样，如三星堆金杖上刻有鸟的纹饰、青铜神树上鸟的造型。这种抽象和夸张的纹饰和雕塑是古蜀人运用智慧和想象力创造出的产物，寄托了人们渴望与天地沟通的思想情感。

三星堆遗址出土的玉器、黄金面具、青铜神树、象牙等重要文物，证实了中国古代蜀人在这里生活了数千年。一个国家的强盛，不只是科技进步和经济发展，更是一个国家深厚的文化底蕴。一个民族具有高度的文化自信，他的文明必然是深厚的，他的国家必然是积极的。三星堆是古蜀先民遗留下来的宝贵思想和财富，也是新时代中国人民对文化自信的重要表现。作为文化基因的起源，包含的文字符号、图画等是中国传统视觉元素的重要组成部分，是中华传统文化的瑰宝。

三星堆文化发现和确认以来，有关它的争议和讨论一直很多。三星堆文化来自何方？三星堆古国怎样产生？为何突然消失？三星堆本身就是许许多多谜团构成的文化，迄今为止，也未出现一个系统且不矛盾的解释三星堆文化的说法。在这些问题中，大众最为关注的是三星堆源起何时何处。总的来说，学术界一般将三星堆文化视为古代蜀中土著文化的结果；还有一种说法是三星堆文化是古代蜀汉文化和异族文化的融合。关于这些说法，我们应该保持积极的态度，因为对于一个民族来讲，拥有雄厚的文化底蕴，对于国家软实力以及国家形象的构建，无疑具有很大的帮助。三星堆与古蜀文明有着千丝万缕的联系，这一点在各种古蜀文献中均有记载，不容置疑。但三星堆器物的神秘与精致确实让人感觉这些东西并非人力可以创造的，如同国外的金字塔和复活节岛石像，永远是个谜题。

图 5-7 三星堆文创产品展示

## 五、 三星堆文创IP打造

中华传统文化是古人留给我们的一笔珍贵财富，它是我们中华民族的一种精神传承。文创作为文化创意产业的重要组成部分，是指从传统文化中提取文化要素，结合时代特征、社会审美等外在因素，进行“文化再造”。文创产品不仅要有实用性，还要有精神和文化的双重属性，在为人们带来方便的同时，还能在心理上引起一种文化的认同和归属感。所以，文创最重要的就是它的文化属性，它可以把过去和现在联系起来。有了中华传统文化背景，文创产品就会变得生动。

如今，人们日益清晰地感受到，各个行业正在加速跨界融合，在这样的背景下，文创能以更高的眼界、更广的视野，撕开“营销”的伪装，与“新的营销”一起，在“流量”时代，给新的品牌势力下一个全新的定义，以一种包容、开放的态度，为人类文明做出自己的贡献，打破壁垒，产生共鸣。

图 5-8 三星堆文创展示馆

图 5-9 三星堆文创售卖展示架

IP在国外被称为multimedia franchise，它是由某一原创作品中衍生出来的多种媒体形态（影视内容、动漫、游戏、实物商品等）的集合。通常情况下，IP会以某一角色或世界观在一种媒体形式中变得很受欢迎，之后，IP会通过授权许可协议扩展到其他媒体形态。

三星堆历史是中华文化的一个重要组成部分，具有多重性和统一性。无数的周边IP产品，无数的联名广告，无数的影视作品……吸引了巨大的网络流量。同时，三星堆不断推进的考古发掘也引起了全世界的持久关注，这一“出圈”的现象，引来了不少人来这里“打卡”。现在的三星堆，已经渐渐变成了一个“网红”的文化IP。也许是因为三星堆出土的文物太过特殊，也许是因为三星堆的古蜀文明太过神秘，自从2020年三星堆有了新的发现之后，三星堆就成了人们茶余饭后的谈资。

三星堆文物是一种罕见的、集群式展示的古代人类史奇珍，每一件都精美绝伦，气势磅礴，神秘莫测，蕴含着丰富的文化内涵，震撼着人们的心灵，它代表着中国青铜器时代的工艺和技术的最高水平，也是最具历史性的科学、文化、艺术价值和观赏价值的文物群，它拥有丰富的世界一流的文化旅游和文化创意产品资源。

三星堆文化创意产业发展很早，但是在早期阶段发展缓慢，以手工制品的原版复制品为主体，没有像西安兵马俑那样，也没能像故宫那样，将其价值转化为真正的价值。亟需用新潮流的表现手法，对三星堆进行更深层次的诠释，使三星堆文化得到更大范围的推广，使其在世界各地都能被看到。

如今，三星堆的文化创意，形成了一种独特的定义，三星堆是一种神秘而又神圣的文化，代表着古蜀文明。近几年来，三星堆一直大力发展“文化+”“旅游+”等新业态，将三星堆的文化创意、生产、销售、品牌营销等核心产业链进行整合，形成了“文创+艺术+全媒体”的传播链，促进了三星堆文化的传播和发展。

从青铜器冰激凌到考古学礼盒、神官礼盒、摇滚乐礼盒等，三星堆文创产品涵盖了时尚饰品、办公文具、受欢迎的礼盒、家居礼品等多个领域，持续吸引着年轻一代的目光。以现代的沟通方式，使文物更加生动，使其进入到普通百姓的生活中，为民众所喜欢，三星堆的“跨界”联合品牌也变得更多、更有趣了。三星堆凭借着“跨界”这个“万能钥匙”，不但拓展了IP的范围，以高颜值、高内涵的文创产品，吸引了一批又一批的新一代的消费者，更是将自己的IP打造成了一个与故宫、敦煌等不同的旅游 IP。

图 5-10 三星堆元素动漫IP 作者：唐芬

图 5-11 三星堆元素动漫IP形象 作者：唐芬